WISSENSCHAFTLICHE BEITRÄGE
AUS DEM TECTUM VERLAG
Reihe Rechtswissenschaften

WISSENSCHAFTLICHE BEITRÄGE
AUS DEM TECTUM VERLAG

Reihe Rechtswissenschaften

Band 47

Smaro Tassi

Gesetzgebung als Herrschaftstechnik

Eine Studie auf der Grundlage von Michel Foucaults Werk
„Die Wahrheit und die juristischen Formen"

Tectum Verlag

Smaro Tassi

Gesetzgebung als Herrschaftstechnik.
Eine Studie auf der Grundlage von Michel Foucaults Werk
„Die Wahrheit und die juristischen Formen“
Wissenschaftliche Beiträge aus dem Tectum Verlag:
Reihe: Rechtswissenschaften; Bd. 47
ISBN: 978-3-8288-2648-9
ISSN: 1861-7875
Umschlaggestaltung: Heike Amthor | Tectum Verlag

Besuchen Sie uns im Internet
www.tectum-verlag.de

Bibliografische Informationen der Deutschen Nationalbibliothek
Die Deutsche Nationalbibliothek verzeichnet diese Publikation in der Deutschen Nationalbibliografie; detaillierte bibliografische Angaben sind im Internet über http://dnb.ddb.de abrufbar.

Inhaltsverzeichnis

Einleitung

Hauptinteresse der vorliegenden Untersuchung ist es, vor dem Hintergrund der Theorie der Disziplinargesellschaft von Foucault die These, dass es sich bei der Gesetzgebung um eine Herrschaftstechnik handelt, näher zu betrachten. Es wird angestrebt, die Entstehung von Gesellschaft, Gesetz und Macht historisch zurück zu verfolgen, um zu überprüfen ob die Machtbeziehungen, die innerhalb einer sozialen Umgebung entstehen, zu einer Disziplinargesellschaft führen können.

Im Anschluss daran soll dem ganzen Vorgang auch auf rechtsdogmatischer Ebene nachgegangen werden. Die Tatsache, dass diese Begriffe mittlerweile von institutionalisierten Definitionen verkörpert werden, erweist die Berücksichtigung ihrer rechtsdogmatischen Grundlage als unausweichlich. Der Gesellschaft liegt nämlich ein Rechtsstaat, dem Gesetz eine Rechtsnorm und der Macht eine Staatsgewalt zugrunde. Die staatliche Souveränität, die mit diesen Begriffen zum Vorschein kommt und die Zuständigkeiten auf sozialer Ebene an Institutionen verteilt, führt zu der Notwendigkeit, bei der Analyse der angestrebten These auch die institutionalisierte Ebene zu berücksichtigen.

Dazu führt wiederum der Verdacht, dass die Entstehung einer Disziplinargesellschaft – innerhalb eines Rechtsstaates – nur durch eine Gesetzgebung, die das ethisch-moralische Verhalten der Bürger formt, zu erklären sein könnte.

Foucault stützt seine These auf eine Veränderung, die im Übergang vom 19. zu den 20 Jh. bei der Entwicklung des Kriminaljustizsystems in der Tat stattfand. Während nämlich bis ins 19. Jh. der abschreckende Charakter der Strafe im Vordergrund stand, gelangte man im 20. Jh. zunehmend zu der Erkenntnis, dass das Individuum insbesondere durch bestimmte Prägungen, durch die Ausbildung und den sozialen Status, zum Verbrechen geleitet oder von ihm abgehalten wird.[1] Das uns bekannte Kriminaljustizsystem orientierte sich zunehmend an die ebenfalls uns bekannte Resozialisierung des Täters und der Prävention des Verbrechens. Foucault sieht allerdings den Schwerpunkt dieser Veränderung an einer anderen Stelle. Er beschreibt die Funktion einer Rechtsordnung, die mittels von Rechtsnormen und Strafandrohungen die Individuen vom Verbrechen abzuhalten versucht, indem sie diese letzten Endes erzieht und formt. Das uns bekannte Kriminaljustizsystem mit einer erweiterten sozialen Funktion.

Dieser These soll nun im Folgenden nachgegangen werden. Es soll die Entstehung der Gesetzgebung zurückverfolgt werden, um die Wahrscheinlichkeit, dass es sich um eine Herrschaftstechnik handelt, zu überprüfen. Eine *Technik*, die keine Personifizierung des Subjekts voraussetzt, weil sie im Zusammenhang mit dem Begriff der Herrschaft zu betrachten ist; ein Phänomen, das nur historisch

---

1 Vgl. Foucault, S. 89 ff.

ersichtlich werden kann. An dieser Stelle sollte vielleicht kurz gesagt sein, dass etwaige Versuche einen historischen Rückblick zu bieten, nicht lückenlos durchgeführt werden können. Deshalb wird sich die vorliegende Untersuchung überwiegend an den wichtigsten historischen Wendepunkten orientieren.

Der Versuch, die Gesetzgebung durch das Prisma der Herrschaftstechnik zu betrachten, wird zunächst durch den Begriff der Disziplinargesellschaft vorgenommen werden. Doch, da dieser Begriff auf Foucault zurück zu führen ist, erscheint eine nähere Betrachtung seiner These unausweichlich.

Um die hiesige Einleitung umfangreicher zu gestalten und zwar weil der Begriff der Disziplinargesellschaft nicht auf den ersten Blick begreiflich werden kann, soll eine kurze Einführung in die These Foucaults im Folgenden vorgenommen werden.

1 Einführung in die Disziplinargesellschaft Michel Foucaults

Foucault stellt seine Idee bezüglich der Disziplinargesellschaft in seinem Werk „Die Wahrheit und die juristischen Formen“ vor und bezieht sich dabei auf die Entstehungsgrundlage der heutigen Gesellschaft.

Um seine These zu erklären, geht er in die frühe Neuzeit zurück, indem er dort über die Antike ankommt. Durch diesen historischen Rückblick versucht er die Aspekte, die eine wichtige Rolle bei der Bildung der juristischen Systeme gespielt haben, zu erklären. Seines Erachtens ist nämlich der Einfluss der Machtbeziehungen auf sozialer und rechtlicher Ebene als einer der wichtigsten Aspekte der Entwicklung der rechtlichen Ordnungsart zu verstehen.

Die Gesellschaft bestehe aus Individuen, die alle eine besondere Fähigkeit besäßen, nämlich die Erkenntnis. Schon in einem sehr frühen Zeitalter sei dies dem Menschen bewusst geworden und werde heute unter dem Begriff des *Wissens* gefasst.

Dieser Wissensbereich sei nach Foucault genau dieser Bereich, in dem sich die Machtbeziehungen ausgefaltet haben, um das Wissen als Machtinstrument einzusetzen und so über eine *Bevölkerung*, die aus den Bürgern einer Gesellschaft zusammengesetzt werde, durch Kontrolle zu herrschen.

Foucault nimmt sich dazu die Tragödie des Sophokles „Ödipus der Tyrann“ vor und betrachtet sie aus einer sehr interessanten Perspektive, die auf Deleuze G. und Guattari F. zurückzuführen ist (Capitalisme et Schizophrenie, Paris 1972). Diese sehen nämlich in der Person des Ödipus ein Machtinstrument, mit dessen Hilfe die Ärzte und Psychoanalytiker Macht über das Begehren und somit über das unbewusste Element des menschlichen Verhaltens auszuüben versuchen.[2] Foucault geht sogar ein Stück weiter: Er analysiert die ganze Tragödie und findet Stichpunkte eines *Wahrheitsfindungsmechanismus*, der einerseits Überreste des archaischen Wahrheitsfindungsverfahrens und andererseits eine neue Form von Wahrheitsfindung vorführt. Im Gegensatz zur archaischen Form, die eine Wahrheitsprobe gewesen sei, gelange nämlich bei Sophokles der Zeuge, der die Wahrheit ans Licht bringen könne, in den Mittelpunkt. Diese neue Form der Wahrheitsfindung, die zur Erkenntnis der Wahrheit und damit zum Wissen führte, nennt Foucault *Untersuchung*.

Ein zweiter zu betrachtender Aspekt sei dabei die Art und Weise, in der sich die Wahrheit in einzelnen Teilen einer und derselben Geschichte unter den Hauptdarstellern verteilen ließen, und erst durch die Kombination der einzelnen Teile zu der Offenbarung des Geheimnisses führen. Auf diesem Verfahren fuße so die Wahrheitsbildung. Durch das Hüten des Geheimnisses bewahre Ödipus seine

---

2 Vgl. Foucault, S. 29.

Macht als Herrscher von Theben, was wiederum bedeute, dass dieses Zerstükkeln der Wahrheit natürlich von sehr großer Bedeutung für ihn als Herrscher sei.

Allegorisch gesehen soll diese Interpretation der Tragödie beweisen, dass „der Tyrann im antiken Griechenland nicht nur jemand ist, der einfach nur die Macht ergreift, sondern jemand, der die Macht ergreift, weil er ein überlegenes Wissen besaß oder zur Anwendung bringen konnte“.[3]

Foucault schließt daraus, dass das Wissen nicht frei von politischer Macht, sondern eng mit ihr verwoben sei und zwar in dem Sinne, dass es eine neue Form von Erkenntnis gäbe, die zum Wissen führe, und eine gewisse Macht mit sich trage. Ein Verfahren, das durch den Prozess der *Untersuchung* führe.

Mit *Untersuchung* meint Foucault das Verfahren, das man erstmals im antiken Griechenland als Wahrheitsfindungsmechanismus einsetzte. Es handelt sich um eine neue Form der Erkenntnis, die durch Zeugnis oder Erinnerung von Tatbeständen entstehe.[4]

Dieser Wahrheitsfindungsmechanismus sei von der Judikative als Wahrheitsfindungsform eingesetzt worden. Obwohl man auch später im Römischen Recht die Form der Untersuchung eingesetzt habe, geriet sie im frühen Mittelalter in Vergessenheit, um später (12./13. Jh), wieder in einer *entwickelten Form* und dank der Kirche, die in ihrer Verwaltung nie aufgehört habe sie zu benutzen, aufzutauchen.

Leider habe dies in einem Zeitalter stattgefunden, in dem der Feudalismus regierte, was zur Unterwerfung dieser Untersuchungsform durch die tonangebende Schicht geführt habe. Grund dafür seien die Rechtsstreitigkeiten über die Zirkulation von Gütern und der Versuch des jeweiligen Herrschers das Verlustrisiko im Rahmen dieser Rechtsstreitigkeiten zu reduzieren gewesen. Auf der judikativen Ebene soll dabei die Entstehung der Staatsanwaltschaft für den Herrscher von großer Bedeutung gewesen sein. Dieser entstand nämlich im 12. Jh. und während er sich einerseits auf der Seite des Opfers im Verfahren gestellt habe, sei er gleichzeitig „als Vertreter des Herrschers, dessen Recht verletzt wurde“ aufgetreten.

Diese Entwicklung habe die Aufmerksamkeit von der Recht- und Unrechtsprechung des Gerichtes auf den Gesetzesverstoß gelenkt. Das Gesetz, gegen das verstoßen wurde, sei das Gesetz, das der Herrscher erlassen habe, und er sei es nun gewesen, der in seinem Namen Sühne und Wiedergutmachung verlangte.[5]

An diesem Punkt sei die Methode der *Untersuchung* erneut eingesetzt worden. Allerdings sieht Foucault den neuen Einsatz der *Untersuchung* als Wahrheitsfindungsform als Instrument des Regierens, als eine Verwaltungstechnik und

---

[3] Vgl. Foucault, S. 46.

[4] Vgl. Foucault, S. 52 ff.

[5] Vgl. Foucault, S. 66.

eine bestimmte Form von Machtausübung an. Diese Interpretation der Untersuchung stützt Foucault auf die neue Funktion, die diese Wahrheitsform inne hatte, welche nicht mehr zur Ermittlung der Wahrheit und somit zur Ermittlung des geleisteten Unrechts, sondern eher zur Feststellung des Gesetzverstoßes führen sollte. Somit sei dem Herrscher die Befugnis übertragen worden, Sühne und Wiedergutmachung zu verlangen, und so jegliche Verluste zu vermeiden. Durch diese Entwicklung „geriet das Strafrecht unter den Einfluss des Staates".[6] Allerdings habe sich diese Wissensform der Untersuchung auch auf anderen Gebieten der Gesellschaft verbreitet. Im 14. und 15. Jh. in der Geographie und der Astronomie und im 16. und 17. Jh. in der Medizin und der Botanik.

Um diese These zu erläutern, erklärt Foucault wie sich die Idee des Gesetzesverstoßes und die Tatsache, dass sich das Strafrecht unter den Einfluss des Staates befindet andererseits, unter dem Aspekt der Machtausübung vereinen lassen. Da es nämlich einen Gesetzesverstoß ohne eine politische Gewalt und ein in Gesetzesform ausformuliertes Recht nicht geben kann, beeinträchtige diese enge Beziehung zwischen *legislativem* und *exekutivem Verfahren* unausweichlich auch die Ausübung der *Gerechtigkeit.*

Auf dieser Grundlage definiert Foucault das Abweichende Verhalten nicht mehr als Unrecht sondern als ein für die Gesellschaft sozial schädliches Verhalten, als eine Störung der Gesellschaft. Besondere Aufmerksamkeit bei seinem historischen Rückblick widmet Foucault der Rolle, die bei der oben geschilderten Entwicklung die Aufklärung und die Reformer selbst gespielt haben sollen. Denn bereits Rousseau beschreibt in seinem Entwurf des *Gesellschaftsvertrages* den Straftäter/Gesetzesbrecher als einen Feind der Gesellschaft, der aus dem Vertrag fällt. Von den Menschenrechten angesprochen und von den sozialen Verhältnissen des 16. und 17. Jh. beeinflusst,[7] habe man sich dennoch gezwungen gesehen, den Straftäter/Gesetzesbrecher oder Delinquenten menschlicher zu behandeln.

Foucault ist davon überzeugt, dass das Interesse der Reformer an dem Individuum nicht auf humanitären Gedanken fußt. Vielmehr sollte die Besserstellung des Inhaftierten zu der Entfernung des Strafvollzugs vom Blickwinkel der *Bevölkerung* führen, so dass sich die Menschen einerseits nicht an dem Anblick der Gewalt gewöhnen und andererseits nicht die Rechtsordnung und den Gesetzgeber als eine legitimierte Bosheit auffassen.

Demzufolge entstehe Anfang des 19. Jh. das Gefängnis als eine faktische Institution. Der Strafvollzug sei nicht mehr ein Schauspiel und der Aufenthalt des Straftäters/Gesetzesbrechers in einem Gefängnis, welches immer mehr als Bes-

---

6 Vgl. Foucault, S. 78.

7 Die Umstände, die Foucault hierbei anspricht sind die des Kriminaljustizsystems der Zeit. Die Straftäter bzw. Gesetzesbrecher wurden öffentlich hingerichtet, woraus eine massive Aggressivität unter dem Volk resultierte. Vgl. Foucault, Überwachen und Strafen, S. 16 ff.

serungsanstalt verstanden wurde, soll ausschließlich seiner Erziehung und Resozialisierung gedient haben.

Doch bereits im Laufe des 19. Jhs verändere sich nach Foucault die Zielsetzung des *Strafsystems*: Es konzentriere sich immer weniger auf den Schutz der Gesellschaft. Ziel der Besserung des Straftäters sei stattdessen die Kontrolle, die psychologische und moralische Veränderung der Einstellungen und Verhaltensweise des Einzelnen geworden.

Zweck sei nunmehr nicht die Person bei der als *Symptom* das abweichende Verhalten auftrete, nach *rechtlichen* Maßstäben zu behandeln um so ihre soziale *Genesung* zu versichern, sondern viel mehr durch eine Art von Paternalismus und Erziehung die Entstehung von Straftaten zu verhindern.

Foucault führt in diesem Zusammenhang das *Panoptikum* des Bentham vor.[8] Beim Panoptikum handele es sich um ein spezielles architektonisches Modell, das der Überwachung des Individuums diene. In der Mitte dieses architektonischen Konstrukts befindet sich ein Überwachungssubjekt, das auf die Individuen fixiert ist und durch ihre ständige Überwachung ihre Verhaltensweise (a) analysieren und (b) formen könne.

Dieses panoptische Modell sei nach Foucault, überwiegend bei allen Institutionen eingesetzt worden: Schulen, Krankenhäuser, Gefängnisse, Besserungs- und psychiatrische Anstalten, seien nach diesem Prototyp aufgebaut worden.

Obwohl also das Panoptikum eine utopische Vorstellung darstellt, die in einer zivilisierten, demokratischen Gesellschaft eigentlich nach den formell anerkannten Normen nicht ausführbar sein kann, soll dieses Modell nach Foucaults Ansicht in unserer Gesellschaft Wirklichkeit geworden sein. Diese Tatsache habe zudem die Erkenntnis und den Wissensbereich des einzelnen Individuums derartig beeinträchtigt, dass eine Form von Herrschaft über die Individuen entstanden sei, die tief greifend aber doch unmerklich im Unterbewussten des Einzelnen gewirkt haben soll.

Erst durch diese Erziehungsmethode sei es überhaupt möglich gewesen, eine strikte Rechtsordnung und somit eine Gesellschaft aufzubauen, in der der Herrscher sich seiner Macht selbst vergewissern könne.

---

[8] Panoptikum stammt vom griechischen Word παν (= pan), das „alles, jedes" bedeutet und vom Word οπτικό (= optiko), das als „zum Sehen gehörend" definiert werden kann. Panoptikum also, ist diese architektonische Struktur eines Raumes, die einem Betrachter erlaubt, einen umfangreichen Umblick zu haben. Siehe auch WAHRIG, Deutsches Wörterbuch, S. 953; Foucault, Überwachen und Strafen, S. 256 ff. und 388 ff.

Ein weiterer Aspekt, der nach Foucault zu diesem Herrschaftsmodell geführt habe, sei die Untersuchung, die im Zusammenhang mit der Überwachung und der Analyse zu einer Prüfungsform geworden sei.[9]

Durch diese Untersuchung/Prüfung, die der Herrscher einer sozialen Umgebung vornehmen könne, entstehe nämlich eine gewisse Wissensbereich-Kontrolle erst des einzelnen Individuums und schließlich der ganzen Bevölkerung. Durch diese Wissensbereichskontrolle könne der Herrscher, seine Machtausübung versichern, weil seine Durchsetzung nicht von der *Horde* beeinflusst werden könne.

Diese Entwicklungen des Mittelalters führten nach Foucault im 19. Jh. zu der Entstehung der *Disziplinargesellschaft*.

Das gesamte Strafsystem des 19. Jh. richte sich auf die Kontrolle nicht des tatsächlichen sondern des möglichen Handelns der Menschen. In so einer Gesellschaft könne die Disziplin als höchste Erfolgsmethode, die die Kontrolle einer sogar unwahrscheinlichen aber dennoch möglichen Handlung des Individuums ermögliche, eingesetzt werden. Auch dürfe dieses Verfahren natürlich nicht nur auf rechtlicher Ebene stattfinden, um der Straftat vorzubeugen.

Die Ansicht, dass man das Unbewusste des Individuums – das heißt seinen potentialen Wissensbereich und damit auch sein Verhalten eher in einem frühen Alter seines Lebens beeinflussen könne, führe zu der Überzeugung, dass diese Erziehungsmethode weitgehend in der Gesellschaft eingesetzt wurde.

Diese These wird von Foucault als *soziale Orthopädie* bezeichnet und soll einen Gesellschaftstyp darstellen, in dem man die Kontrolle des Individuums durch Erziehung ergreife. Diese soziale Orthopädie sei als Erziehungsmethode in allen Institutionen, in denen sie funktionieren kann, eingesetzt worden: Schule, Krankenhaus, Besserungs- und psychiatrische Anstalt, Gefängnis.

Die Disziplinargesellschaft sei somit eine Gesellschaft, in der kein Individuum *aus der Reihe tanze.* Die Schule forme einen moralischen Charakter, der dem Individuum eine Lebensweise vorschreibe; eine Lebensweise, die der Gesellschaft nicht schaden könne. Alle diese Personen, die sich dennoch nicht disziplinieren ließen, würden später und sobald sie durch ihr abweichendes Verhalten Aufmerksamkeit erregen von Institutionen aufgenommen, wie Besserungs- oder Heilanstalten, die ihre soziale Besserung vornehmen würden.

Ferner betont Foucault, dass eine Gesellschaft, die einerseits aus historisch geprägten Machtbeziehungen entstand und andererseits zur Disziplinierung des Individuums durch diverse Kontrollmechanismen beitragen möchte, nicht von einer einheitlichen Definition des *sozial schädlichen* Verhaltens ausgehen könne. Dieses könne nur relativ und objektiv definiert werden. In diesem Fall könne man nicht von einem Gesellschaftskörper berichten, der aus gleichgestellten

[9] Foucault nennt die neue Form von Untersuchung, die im 19. Jh. stattgefunden hat, Prüfung. Vgl. Foucault, S. 86 ff.

Individuen bestehe und von einem und denselben Schaden abhänge. Was Foucaults Ansicht nach auch zu der Entstehung der einzelnen Vereine, in denen sich die Bürger im Mittelalter zusammenschlossen, um sich gegen die Macht des Herrschers zu wehren, geführt haben soll. Doch diesem Beispiel seien auch die obersten sozialen Schichten schließlich gefolgt, was zur Verstaatlichung dieser auf soziale Kontrolle ausgerichteten Gruppen führte.[10]

Das sei nach Foucault der Zeitpunkt gewesen an dem die moralische Kontrolle der ärmeren Schichten des Volkes von den Oberklassen stattgefunden habe. Dazu folgendes Zitat, das von einer Rede eines Bischofs an die Reichen stammt und von Foucault dokumentiert wurde: „Ich bitte euch, diese Gesetze zu befolgen, auch wenn sie nicht für euch gemacht worden sind, denn nur so besteht eine Chance, die ärmeren Klassen zu kontrollieren und zu überwachen“.[11]

Mit diesem Zitat möchte Foucault genau das betonen, was in der westlichen Gesellschaft in der frühen Neuzeit passiert sein soll: die Oberklassen haben mit allen Mitteln versucht, ihre Macht zu sichern, indem sie die unteren Schichten der Gesellschaft durch den Einfluss auf ihre Wissensbereiche und ihre Erziehung kontrollieren.

Anschließend zeigt Foucault, wie sich diese Entwicklung der Gesellschaft im 18. Jh institutionalisiert habe und wie daraus im 19. Jh. ein internes politisches Verhältnis innerhalb der Gesellschaft entstand.

Ende des 18. Jh. sollen mehrere Menschen die Wende vom *Schauspiel*[12] zur Überwachung oder die Entstehung einer panoptischen Gesellschaft wahrgenommen haben. Foucault zitiert den Staatsrat des Kaiserreichs J.-B. Treilhard. Diesen Worten entnimmt Foucault die neue Rolle, die der Staatsanwalt in der Gesellschaft spielen soll. Demnach ist der Staatsanwalt nicht nur dann tätig, wenn ein Gesetzesverstoß stattgefunden habe, sondern sei „vor allem ein Blick, ein Auge, das ständig auf die Bevölkerung gerichtet sein muss“.[13]

So eine Überwachung und ständige Kontrolle durch eine überlegene Macht, sei natürlich nicht unbedeutend für die Entwicklung des Individuums. Der Aspekt, dass diese Kontrolle nur durch die Zusammenarbeit aller staatlichen Institutionen wie Schulen, Anstalten etc. stattfinden könne, drückt Foucaults mit folgenden Worten aus: „ich möchte zeigen, wie der Panoptismus auf der einfachsten Ebene und in der alltäglichen Funktionsweise der Institutionen wirksam wird,

---

10 Vgl. Foucault, S. 92 ff.

11 Vgl. Fn. 10.

12 Mit *Schauspiel* wird an dieser Stelle die Hinrichtung durch das Kriminaljustizsystem gemeint, die zunehmend aufgegeben wurde. Vgl. Foucault, Überwachen und Strafen, S. 22 ff.

13 Foucault, S. 105.

die das tägliche Leben und den Körper des Einzelnen umgeben, also auf der Ebene des individuellen Daseins".[14]

Foucault berichtet also von einer sozialen Umgebung, die auf die soziale Kontrolle des Individuums ausgerichtet ist. Ferner führt er aus, dass dieser Zustand die Steuerungsmacht des Individuums beeinträchtigt. Der Panoptismus funktioniere schließlich so paternalistisch, dass dem Individuum jegliche Möglichkeit der Übernahme seiner persönlichen Verantwortung entzogen werde.

Dabei sei im 19. Jh. das panoptische Modell besonders in der Blütezeit der Industrie von Vorteil gewesen und zwar bei der Regelung der Produktion. Das Ziel jedes Fabrikherrn einerseits die Arbeiterklasse so produktiv wie möglich zu wissen und andererseits keinen Verlust an Einnahmen zu zählen, habe als kapitalistische Utopie seine Umsetzung darin finden können, dass die Arbeiter so intensiv wie möglich an den Produktionsapparat gebunden worden seien. Dabei seien die Fabriken – dem panoptischen Vorbild nach – als solche disziplinierten Anstalten eingerichtet worden.[15] „Es gibt zwei Arten von Utopien" schreibt Foucault, „die sozialistische Utopien der Proletarier, die niemals Wirklichkeit werden können und die kapitalistischen Utopien, die leider die üble Neigung haben, Realität zu werden".[16] Grund für die Umsetzung der kapitalistischen Utopie sei die Einsicht der tonangebenden Schicht, sich dadurch die herrschende Rolle in der sozialen Umgebung sichern zu können, gewesen.

Schließlich berichtet Foucault von dem Gegensatz, den er bei der Überwachungsform des Individuums im Laufe des 19. Jh. zu dem vorherigen Jahrhundert erkennt. Der Gegensatz bestehe darin, dass man nun im 19. Jh. das Individuum und sobald dieses ein abweichendes Verhalten aufweise, nicht durch die Institutionen aus der Gesellschaft ausschließen möchte.[17] Durch die Rolle, die die Industrie mittlerweile in der Gesellschaft angenommen habe und durch die Fabriken, die dem Panoptikum - Modell nach funktionieren, binde man stattdessen das Individuum an den Produktionsapparat. Diesem Beispiel seien schließlich alle Institutionen, die sich nun – um so die Produktion zu sichern – als Zweck die *Normalisierung* des Individuums gesetzt haben, gefolgt.

Eine *Normalisierung*, die bei Foucault folgendermaßen definiert werden kann: das Individuum habe von Natur aus eine Lebenszeit, die durch Einflussnahme auf den Wissensbereich seines bewussten und unbewussten Daseins, in einer kapitalistischen Gesellschaft deren eigentliche Sorge das Kapital ist, in Arbeits-

14 Foucault, S. 106 ff.
15 Fn. 14.
16 Fn. 14.
17 Fn. 11.

zeit verwandelt werden könne. So werde die normale Funktion des Produktionsapparats stabilisiert.[18]

Dadurch, dass das Individuum *richtig* erzogen werde, einerseits sich den moralischen Prototypen der Gesellschaft nicht zu entziehen und andererseits sich als Ziel seiner Lebenszeit seinen *Beruf* zu setzen, sei es von diesem Produktionsapparat lebenslang abhängig geworden, allerdings ohne dies wahrgenommen zu haben. Denn bei diesem Ablauf handele es sich um ein Massenphänomen, das auf sozialer Ebene funktioniere, und da das Individuum ein soziales Wesen sei und es nicht allein überleben könne, sei davon auszugehen, dass es sich den allgemein anerkannten sozialen Formen anpassen werde, welche sie auch immer sein mögen.

Dieses Wissen über die Natur des Individuums, verhelfe ferner zu dessen besonderen Erziehung von demjenigen, der die soziale Macht ausübe und den Vorteil habe, die sozialen Formen aufstellen zu können, da man hier die schon erwähnte These der Beziehung zwischen Gesetz und Macht wieder einfügen könne.

Auf dieser Grundlage versucht Foucault ferner die Konsequenzen, die so ein soziales Ordnungssystem für den Einzelnen habe, zu erläutern.

Denn insbesondere solche Institutionen, wie die Schulen oder die Fabriken, übernehmen die Kontrolle und die Verantwortung für die gesamte oder nahezu die gesamte Zeit des Einzelnen. „Sie nehmen also gewissermaßen die ganze zeitliche Dimension des individuellen Lebens in ihre Regie“.[19] Dieser These nach, stehe die Lebenszeit des Individuums, sogar was seinen eigenen Körper angehe, dem Produktionsapparat zur Verfügung. Grund dafür sei, dass das menschliche Wesen, um so produktiv wie möglich zu sein, auch körperliche Eigenschaften haben müsse, die es ihm erlauben, eine physische Arbeitskraft darzustellen. Nur so ließe sich die Lebenszeit des Individuums in Arbeitszeit verwandeln. Der Körper des Einzelnen entfalle somit prinzipiell des Selbstbestimmungsrechts, das ihm im Übrigen verfassungsmäßig zusteht.

Zusammenfassend stellt Foucault fest, dass alle diese Institutionen, die es geschafft haben die Kontrolle über das Individuum zu ergreifen, auf der bereits oben erwähnten Beziehung zwischen Macht und Wissen fußen. Als Ausweg aus dieser Situation greift Foucault Nietzsche auf und stellt seine eigene Interpretation eines Wissensvermittlungssystems vor. Diese Wissensvermittlung sieht er allerdings nicht im Rahmen eines Machtapparates rechtlicher, politischer und ökonomischer Art stattfinden.[20]

Foucault bedauert, dass sich die Geschichte unserer Zivilisation s.E. nicht für ein derartiges System zur Wissensvermittlung entschieden habe, welches unab-

---

18 Ökonomisch gesehen, funktioniert der Produktionsapparat stabil, solange die Produktion so wenig Verlust wie möglich vorzuweisen hat.

19 Vgl. Foucault, S. 114.

20 Vgl. Foucault, S. 119.

hängig von etwaigen rechtlichen, politischen und ökonomischen Aspekten funktioniert. Stattdessen habe man das Wissen durch die Machtbeziehungen vermittelt, so dass letztendlich die Individuen zu Objekten eines Wissens, das neue Formen der Kontrolle ermögliche, geworden seien.

Die Entwicklung der Individuen in Objekte des Wissens begründet Foucault dadurch, dass die Individuen die Wissensquellen nicht zurückverfolgen können, woraus die Unfähigkeit der Individuen schließlich dieses Wissen selbst bestätigen zu können, resultiere. Im Gegenteil müssen sie sich mit den Bruchstücken einer Wahrheit, die ihnen jedes Mal als Wissen vorgetragen werden, zufrieden stellen.[21]

Die soeben beschriebene Gesellschaft, fußt folglich auf die Disziplinierung ihrer Mitglieder und befasst sich somit unausweichlich mit fundamentalen Aspekten der Existenz des Menschen. Das ist auch der Ausgangspunkt seiner Analyse in „Die Wahrheit und die juristischen Formen“.

Durch die Darstellung der Beziehungen aller staatlichen Institutionen im Hinblick auf eine zentrale politische Machtgewalt, die von den Herrschern ausgeübt wird, und die sich im Laufe der Geschichte von Tyrannen zu Kaisern, von Kaisern zu Herrschern und von Herrschern zur Regierungen entwickelt und verwandelt haben, versucht Foucault die Evolution des Menschen und somit die Entwicklung einzelner Wissensbereiche des Individuums zu entschleiern. Dadurch will er insbesondere die auswegslose Situation, in der sich das Individuum befindet, aufzeigen.

Dies könnte allerdings auch der Grund, warum er so sehr auf die Beziehung zwischen Macht und Wissen fixiert ist, sein. In der Tat ist es fraglich, in wie fern sich die Menschen als Volk neben den Herrschern, wie Soldaten neben den Offizieren oder sogar wie Gläubige neben ihren Göttern stellen würden, wenn die untersten sozialen Schichten einer Gesellschaft die Wahrheit über die politischen Hintergründe etwaiger historischer Veränderungen zurzeit des Geschehens genau gewusst hätten oder ihre Tragweit richtig verstandnen hätten. Als Beispiel wird hierbei auf die Zeit des Nationalsozialismus verwiesen.

Foucault geht deshalb davon aus, dass die tonangebenden Schichten immer nur Bruchstücke der Wahrheit den Bürgern der Gesellschaft überlassen, um ihr Wissensbereich zu kontrollieren, und somit effektiv und möglichst ohne Aufstände ihre Herrschaft legitimieren zu können. Unter diesen Umständen sei nämlich die Macht des Herrschers nicht von der individuellen Entwicklung des einzelnen Bürgers abhängig.

An dieser Stelle wird auch deutlich, warum Foucault in seinem hier vorgestellten Werk die Tragödie des Sophokles heranzieht. Ödipus verliert nämlich nur

---

21 So wie die Hauptfiguren in der Tragödie des Sophokles, solange sie nicht alle Teile derselben Geschichte zusammen bringen konnten, nicht in der Lage waren, die Wahrheit zu erraten.

seine Macht als Herrscher, als die einzelnen Teile des Geheimnisses, die die Wahrheit bilden, zueinander finden. Bei dieser Wahrheit handelt es sich demnach um einen, der Macht schadenden Faktor. Doch solange nur Bruchstücke des Wissens vermittelt werden, bleibt die Wahrheit verhüllt und kann deshalb der tonangebenden Schicht keinen Schaden hinzufügen.

Daraus schließt Foucault, dass solange die Übermittlung oder Vermittlung des Wissen an sich, welches nun mehr an dieser Stelle und der Aktualität der Begriffe wegen mit Informationen oder Daten jeglicher Art gleichgestellt werden kann, von der tonangebenden Schicht kontrolliert wurde, den einzelnen Individuen dieses nur in Bruchteilen zugänglich gewesen sei.

Doch durch die Emanzipation des Menschen sei dieses Konzept im Laufe der Zeit unhaltbar geworden, so dass der Zugang zu den einzelnen Wissensquellen immer mehr auch für die Individuen der untersten sozialen Schichten ermöglicht worden wäre. Genau an diesem Punkt sieht Foucault dann die Disziplin als Methode zur Kontrolle der Wissensvermittlung entstehen.

Zudem beauftragte man staatliche Institutionen mit diesem Ziel, die aber nach speziellen Normen funktionieren. Dadurch, dass die Funktion dieser Institutionen durch Normen der Bevölkerung verbindlich oktroyiert worden sei, sei sehr wenig Raum für die selbstständige Entfaltung der Individuen geblieben.

Die Auffassung Foucaults leuchtet gewissermaßen ein, sobald man sich die politischen Umstände, die die westliche Zivilisation historisch geprägt haben, vergegenwärtigt.

Denn in einer Gesellschaft, die auf allgemein anerkannten Normen fußt, welche zur Regelung des sozialen, politischen und sogar privaten Lebens aufs Tiefste beeinflussen, kann in der Tat die Individualität vom kollektiven Bewusstsein überschattet werden. Insbesondere wenn man in diesem Gedankengang den Begriff der Ethik heranzieht.

Es leuchtet ein, dass die hier wiedergegebene Hypothese Foucaults unsere Gesellschaft sei eine Disziplinargesellschaft, heute und insbesondere, wenn man diese aus rechtsphilosophischer Perspektive untersuchen möchte, auch auf einer rechtlichen Ebene nachvollzogen werden muss. Von Foucault wird nämlich durch seine Theorie über die Disziplinargesellschaft schließlich die bekannte Verbindung von Herrscher und Gesetz angesprochen, welcher eine metaphysische Souveränität zugeschrieben werden kann.[22] Doch denkt man den Ansatz Foucaults auf rechtsphilosophischer Ebene weiter, und vergegenwärtigt man sich die Bedeutung des parlamentarischen Systems und des daraus resultieren-

---

22 Ein sehr amüsantes Beispiel bietet Franz Kafka dazu mit seinem Aufsatz „Vor dem Gesetz“. Die metaphysische Unzugänglichkeit des Gesetzes für die Figur in seinem Aufsatz, verweist auf diese metaphysische Souveränität des Gesetzes. Unter solche Voraussetzungen scheint der einfache Bürger der Autorität des Gesetzes und somit auch seiner Durchsetzungskraft ausgeliefert zu sein.

den Vertrauens der Bürger einerseits an die Souveränität des Staates und andererseits an den gerechten Charakter der geltenden Rechtsordnungen, könnte man sich in der Tat die berechtigte Frage stellen, worauf denn dieses blinde Vertrauen überhaupt fußt. Dabei wäre die Interpretation des Herrschers als Vertreter des Volkes und ferner die Interpretation des Staates als Rechtsstaat heranzuziehen, um die These Foucaults untersuchen zu können. Es wird somit auf Grundlage der These Foucaults angestrebt, die Metapher nachzuvollziehen, dass der Rechtsstaat das Elternhaus verkörpern, in dessen Wiege die Bürger als Kindern nach den Prinzipien der Staatsfamilie erzogen werden mussten.

2 Die Gesellschaft, das Gesetz und die Macht: Die gegenseitige Abhängigkeit der Begriffe und deren Definition

Ansatzpunkt des ersten Kapitels ist der Versuch, die Beziehung zwischen Gesellschaft, Gesetz und Macht, als ein gegenseitig abhängiges Wertgefüge darzustellen. Die Entwicklung dieser drei Begriffe und deren Definition – in allen Formen ihrer Interpretation im Laufe der Zeit – ist ein Thema, das von vielen Wissenschaftsgebieten immer wieder aufgegriffen wurde. Die Möglichkeiten dabei innovativ zu sein, werden bereits im Voraus als gering geschätzt. Doch da ein Aspekt der Entwicklung die jeweils eingenommene Perspektive ist, wird eben auch von der vorliegenden Arbeit angestrebt, eine weitere oder sogar neue Betrachtungsweise und demzufolge einen neuen Ansatzpunkt für spätere Forschungsvorhaben ähnlicher Themen zu bieten.

Eine Ordnungsart der Gesellschaft als Technik zu betrachten, ohne gleichzeitig einen *Techniker* zu benennen, der die Verantwortung dafür übernehmen kann, beansprucht bereits am Anfang eine Exegese der Perspektive.

Es handelt sich hierbei um eine Perspektive, die die Evolution als natürliches Phänomen auffasst und zu deren Erläuterung auch andere Wissenschaften (wie z.B. die Soziologie und die Biologie), die mit der vorliegenden Arbeit – im Gegensatz zur Antike – nicht im Rahmen der Rechtswissenschaften zu finden sind, herangezogen werden müssten.

Denn die Frage nach der konkreten Methode einer Ordnungsart oder Regierungsform, die dazu dienen soll, die soziale Identität des Menschen zu organisieren, indem sie ein Merkmal seiner physischen Identität funktionell ausschließt, kann eigentlich nur durch die Kombination von Soziologie und Biologie nachvollzogen werden.

Wenn die Erkenntnis ein Merkmal der physischen Identität ist und diese durch das Eingreifen in den Wissensbereich des Individuums eingeschränkt werden kann; wenn dieses Eingreifen im Wissensbereich durch die Kontrolle der sozialen Identität erfolgen kann, ist das nicht schon ein Begriff der technischen Funktion? Erinnert man sich an die Definition des Begriffes der Technik selbst, scheint dies besonders einzuleuchten.[23] Im Gegensatz zu der natürlichen Entwicklung des Individuums, die ohne irgendeinen Eingriff, irgendwo hin geführt hätte, ist schon der menschliche Eingriff, der eine Funktion des Individuums einschränkt, künstlicher Natur.

---

23 DUDEN, Das große Fremdwörterbuch (2000), S. 1317, „Technik: Die Gesamtheit der Maßnahmen, Einrichtungen und Verfahren, die dazu dienen, naturwissenschaftliche Erkenntnisse praktisch nutzbar zu machen".

Diese Gesellschaftsform, die sich mittels eines schriftlichen Kanons in dem Verlauf der menschlichen Natur ausbreitet und ihre Funktionen relativiert, stellt schon begrifflich an sich ein *künstlich/technisches* nicht unbedingt natürliches Verfahren dar. Zieht man an dieser Stelle die Verbindung zwischen Kunst und Recht bei Aristoteles heran, kann diese These hier ebenfalls leicht nachvollzogen werden.[24]

Doch da sich diese *Technik*, wegen ihres Anwendungsbereiches (Mitglieder einer Gesellschaft) nicht frei von sozialen Umständen entwickeln kann, führt diese Perspektive zur Untersuchung der einzelnen Teile des Verfahrens einer derartigen Gesetzgebung, die als Herrschaftstechnik gedeutet werden soll.

Die Notwendigkeit sich mit diesen drei Begriffen (Gesellschaft, Gesetz und Macht) zu beschäftigen, wird durch folgende Thesen gegeben: Dass die Gesetzgebung als Herrschaftstechnik nur in einer pluralistischen Gesellschaft funktionieren kann, weil das Gesetz als schriftlicher Kanon die Beziehung einerseits des Individuums mit dem Staat (Staatsrecht) und andererseits der Individuen untereinander (Privatrecht) zu regeln versucht; Dass sie durch Gesetze funktioniert, die von Faktoren, deren soziale Stellung eine Autorität ausmacht, erteilt werden; Und dass diese Autorität im Zusammenhang mit den sozialen Umständen zu einer gewissen Machtverteilung innerhalb der sozialen Umgebung führen kann.

Die gegenseitige Abhängigkeit dieser Begriffe ist deutlicher durch eine historische Analyse zu verstehen, die diese Dreiecksbeziehung darstellt. Demzufolge, müssen historische Ansätze herangezogen werden, die wahrscheinlich im Laufe der Zeit viele Wissensbereiche[25] interessiert haben. Da der Historismus „die Entwicklungslogik von Denk- und Organisationsformen sowie ihrer sozialen, ökonomischen und technischen Voraussetzungen betont und gegenwärtige Kulturerscheinungen nur als vorläufige Endglieder eines zeitlichen Prozesses zu verstehen sind“,[26] ist es notwendig, nach bislang anerkannten Perspektiven und Wissensformen zu greifen.

Wie bei jeder historischen Observierung, wird auch in der vorliegenden aus einer speziellen Perspektive betrachtet, um die drei Begriffe Gesellschaft, Gesetz und Macht als Bestendteile eines Wertgefüges darzustellen, dessen Funktion die Gesetzgebung in eine *Technik* verwandelt.

---

24 Papachristou, Rechtssoziologie, Athen 1999, S. 64: Unterscheidung des Aristoteles zwischen Wissenschaft und Kunst: Wissenschaft basiert auf den Beweis wahrer Umstände und Kunst auf Konstrukte.

25 In diesem Kontext wird das Wort Wissensbereiche und nicht Wissenschaften eingesetzt, um genau den Ursprung des Wissens damit zu bezeichnen und nicht mit dem Begriff der Wissenschaft zu irritieren.

26 Schönpflug, „Geschichte und Systematik der Psychologie“, Lehrbuch für das Grundstudium, Weinheim-Basel 2004, S. 60 (Es wird Wittkau zitiert, „Historismus“, Göttingen (1992): Vandenhoeck & Ruprecht).

2.1 Die Gesellschaft

2.1.1 Die Entstehung der Gesellschaft und die Rolle des Individuums

Aufgrund seiner Überlebensnotwendigkeiten, die der Mensch schon in prähistorischen Zeiten wahrgenommen hat, wurde ihm seine soziale Identität, anfangs nur instinktiv und später durch die Entwicklung der Logik, klar. So begann sein Versuch, Ordnung in das Chaos, in dem er sein Dasein wahrgenommen hatte, zu schaffen, um so seinen Notwendigkeiten als schwaches Tier entgegen zu kommen. Durch die Entfaltung der Zivilisation und damit auch der Sprache, hat er im Laufe der Zeit seine Methoden systematisiert und weiterentwickelt. Historisch gesehen wäre es vielleicht hier angebracht, kurz über die Entwicklungsstufen der frühen Gesellschaften zu berichten.

Nach mehreren historischen und anthropologischen Analysen, geht man heute hauptsächlich von drei Entwicklungsstufen der menschlichen Gesellschaften aus. Es handelt sich um die vorstaatlichen Gesellschaften: Sammler und Jäger (1) und die segmentären Gesellschaften (2). Und (3) um die Protostaaten. Während die ersten zwei Formen als *akephal*, werden die Protostaaten als *kephal* bezeichnet. Diese Bezeichnung – die aus dem griechischen *Kopf* bedeutet – beschreibt die Ordnungsart dieser vorstaatlichen Gesellschaften, nämlich, dass es keinen *Kopf* innerhalb der Gesellschaft gegeben hat, also keine zentrale Herrschaftsform.[27]

In diesem Zusammenhang berichtet Jakob Bachofens von einer allgemeinen Kulturstufe der Menschheit, die der *Gynaikokratie*, von der man annimmt, dass sie dem Patriarchat voranging. Diese Information, soll nur dazu dienen, den Begriff des Eigentums, der mit dem Patriarchat erst erscheint, als wichtigen Bestandteil der heutigen Gesellschaften zu verstehen, um so eine andere Dimension der Entwicklung der Zivilisation verstehen zu können, die sich anders entwickelt hätte können.[28] Um die Entstehung der menschlichen Existenz anhand historischer Punkte darzustellen, ist es geboten die Erscheinung des Eigentums gesondert hier zu erwähnen, da seine Erscheinung die Entwicklung der menschlichen Zivilisation sehr beeinflusst hat.[29] Dazu ist zu verzeichnen, dass der Begriff des Eigentums erst *ex post* einen Umstand beschreibt, der eigentlich aus einem faktischen Haben heraus resultierte. Erst im Nachhinein hat also der Mensch seinen Besitz als Eigentum charakterisiert und somit der menschlichen

---

27 Wesel, „Geschichte des Rechts", München 1996, S. 15ff: Sammler und Jäger: die Menschen lebten in Nomaden (kleinen Gruppen) und teilten unter sich die Arbeit ums Überleben auf. Segmentäre Gesellschaften: die Menschen teilten sich nunmehr in kleinen Gruppen auf, die eine Verwandtschaft aufzuweisen hatten. Protostaaten: die erste Form vom Staat, mit einer zentralen Herrschaft.

28 Wesel, Geschichte des Rechts, München 1996, S. 32 ff.

29 Eine tiefere Analyse des Begriffes an sich, folgt im Kap. 2.1.2.

Zivilisation einen neuen Begriff zur Verfügung gestellt, der die Entwicklung seiner sozialen Hypostase radikal verändert hat.[30]

In der Antike war allerdings dieser Zustand bereits etabliert, da der Mensch seine ursprünglichen Notwendigkeiten bereits bewältigt hatte, und die Sicherstellung von Nahrung nicht mehr der einzige Aspekt seiner sozialen Entfaltung war. Dieser Prozess führte wahrscheinlich zu dem Punkt, an dem die Logik dem Menschen zu einer Systematisierung seines sozialen Daseins verhalf.[31]

Diese Fähigkeit, die den Menschen zu solchen Entwicklungen verhalf, ist die Erkenntnis, die auch von Foucault als ein sehr wichtiger Aspekt unserer sozialen Identität betrachtet wird.[32] Denn diese Erkenntnis führte den Zeitgenossen Aristoteles zu der Annahme, dass die Menschen sich als soziale Tiere weiterentwickeln müssen.[33] Unter diesem Aspekt der sozialen Identität entwickelt sich nun die Geschichte der Menschheit in einer sozialen Umgebung die Gesellschaft genannt wird.

Seitdem waren es viele Gesellschaftsmodelle, die je nach Zeitalter erschienen. Doch ein Modell, das in jeder ähnlichen Form auch später auftaucht, ist das einer zentralen Regierungsquelle. Denn als die Gesellschaften immer größer wurden, durch die Zahl der Individuen, die sich als Neugeborene immer an eine Gesellschaft anschließen, mussten nun die sozialen Notwendigkeiten von einer Gruppe Individuen übernommen werden, damit die Aufteilungen der notwendigen Tätigkeiten innerhalb der Gesellschaft im Gleichgewicht stehen.

In den frühen Gesellschaften führte diese Gesellschaftsform, die auf eine Regierungsquelle basiert, zur Entstehung der Demokratie, weil diese Aufteilung die Gerechteste zu sein schien. Fraglich bleibt immer noch was die alten Griechen mit Demokratie gemeint haben, wenn man diese Gesellschaft von 40.000 Bürgern und 400.000 Sklaven betrachtet.[34] War es eine Eliteklasse, die ihre Herrschaftsrechte aufteilen wollte? Ist es nunmehr eine so entfernte Denkensweise, dass sich der heutige Mensch nicht mehr hineindenken kann? Von den Schriften

---

30 Vgl. Jakobs, Norm, Person, Gesellschaft, S. 19 ff.

31 Interessant erscheint zu erwähnen, dass die Logik erst durch die Entwicklung der Sprache zustande kam. Es ist die kritische Methode des Menschen an ein Problem heranzugehen. Denn die kritische Methode, besteht im wesentlichen darin, dass unsere Lösungsversuche, unsere Theorien und unsere Hypothesen, uns sprachlich formuliert, objektiv vorgelegt werden können, so dass sie zu Objekten einer bewussten kritischen Untersuchung gemacht werden können. Siehe auch Popper, Alles Leben ist Problemlösen, S. 22 ff.

32 Foucault, Die Wahrheit und die juristischen Formen, S. 23 ff.

33 Vgl. Wesel, Geschichte des Rechts, S. 144 ff. An diesem Punkt sollte vielleicht noch erwähnt werden, dass es für Günther Jakobs fraglich bleibt, ob die Gesellschaft in der Natur des Menschen liegt oder ob es nur auf Verträge basiert. Vgl. Jakobs, Norm, Person, Gesellschaft, S. 15 ff.

34 Angaben für die Analogie der Sklaven und Bürger bekommen wir von den Quellen, die uns durch Homer und Herodot zu Verfügung stehen.

Platons über den Staat entnehmen wir die Information, dass die gesellschaftliche Aufteilung seiner Zeit durch die Erziehung und den Wissensbereich erfolgte – oder erfolgen sollte, da unser Wissen nicht genau zu den Tatsachen der Epoche hinreicht.[35] Besonders in der Regierungsform der Aristokratie, denn Demokratie erscheint ja nach dem Verfasser des Staates erst als Regierungsform, wenn die Aristokratie scheitert und sie zur Timokratie (*τιμή* = timi = Wert) wird, in der sich die Menschen mehr für materielle Sachen interessieren. Zwischen diesen Menschen entsteht dann später die Oligarchie, in der wenige regieren, weil sie habgierig geworden sind, und erst unter diesen Umständen entsteht die Regierungsform der Demokratie, wenn die Masse teilweise von nicht denkenden Menschen, die durch Zufall und Umstände, die mit der Aufteilung des Eigentums die Macht ergriffen haben, regiert wird. In so einer Gesellschaft, werden die Menschen dann nach Gleichberechtigung suchen und zur Demokratie wechseln wollen.[36] Der Aspekt, der eine sehr große Rolle in dieser Entwicklung gespielt hat, ist der Verlust des Wissens. Denn so vergaßen die Menschen die Suche nach dem *αγαθόν* (= Agathon), dem Guten Element der Psyche[37], zu dem man durch das philosophische Denken gelangen kann. Also durch den Aspekt, der auch von Foucault als der wichtigste Aspekt der Entwicklung einer Gesellschaft angesehen wird.[38]

In diesem utopischen Staat des Platons, der nur in kleinen Gesellschaften funktionieren kann, war es die Aufgabe des Staates, die Lebensweise seiner selbst aufzubauen und zu kontrollieren. Der Staat hatte keine Autonomie. Die gewann er erst mit der sozialen Identität des Individuums. So eine Gesellschaft ist anthropozentrisch und darum, kann sie unter wenigen Menschen funktionieren. Denn, damit der Mensch (*άνθρωπος* = anthropon) das Zentrum einer Gesellschaft ist, muss eine direkte Beziehung zwischen den Individuen existieren. Da diese Gesellschaft aus denkenden Menschen bestehen sollte (*Άριστοι* = Aristoi = die für ihre Begabung und Wissen ausgezeichnete Menschen), die für ihr eigenes Wohl eine Gesellschaft aufbauen wollten, war das Wissen unter diesen wenigen Bürgern aufgeteilt und diese Regierungsform bezeichnete Platon schließlich Aristokratie.[39] In dieser Zeit schien also die Demokratie eine Regierungsform zu sein, in der sich die Bürger erst durch Unterdrückung nach ihrer Freiheit sehnen würden, was zu der Entstehung einer Gesellschaft zwischen Individuen besteht, die ihre Gleichberechtigung verlangen.

Der Aspekt der Sklaverei, die diese frühen Gesellschaften charakterisiert, ist heute wahrscheinlich anders zu betrachten. In diesen frühen Epochen war der

---

35 Siehe auch Weber-Fas, Über die Staatsgewalt, S. 25 ff.

36 Platon, Der Staat, Buch H´ (8), S. 557 ff.

37 Psyche soll hier in Bezug zu Platon verstanden werden. Es soll den geistigen Teil des Menschen darstellen und nicht jene Psyche, die später als Begriff der Psychologie eingesetzt wurde.

38 Foucault, Die Wahrheit und die juristischen Formen, S. 40 ff.

39 Plato, Der Staat, Buch H´ (8), S. 545 ff.

Krieg eine beinahe alltägliche Beschäftigung der Menschen – darum hört sich die Information über die Olympischen Spiele, die auch während eines Krieges stattfanden und alle solange die Waffen streckten, heute so paradox an.[40] Doch das ist ein Zeichen der Selbstverständlichkeit des Krieges. Unter solchen Umständen, war die Sklaverei etwas, das nicht mit Menschen zu tun hatte (Sklave: res), sondern mit dem Sieg des Staates (Polis - Kratos) in einem Krieg. Die Gefangenen wurden versklavt. Obwohl es vielleicht heute in unserer Zivilisation nicht denkbar ist, war das eine andere Realität. Wenn man sich also mit diesen frühen Gesellschaftsformen beschäftigen möchte, kann man nur die Beziehung der Bürger unter sich betrachten. Zwischen diesen Bürgern, die unter sich eine Gesellschaft aufbauen wollten, die die Erkenntnis zum Zweck hat, wird das Wissen gleich aufgeteilt, da alle einen gemeinsamen Zweck verfolgen.

Doch wie Foucault treffend berichtet, funktioniert in der heutigen Gesellschaft diese Aufteilung des Wissens nicht. Außerdem bleibt immer noch die Frage offen, welches Schicksal innerhalb der sozialen Entwicklung die Sklaven gehabt haben und wie sie heute vielleicht definiert werden könnten. Eigentlich bedeutet Sklaverei *Aneignung von Arbeitskraft*. Interessant ist auch, dass im griechischen derselbe Begriff für Arbeit und Sklaverei benutzt wird, nur anders betont (δουλειά= mit Betonung auf das „a“ bedeutet Arbeit und δουλεία= mit Betonung auf „i“ bedeutet Sklaverei). Doch wie definiert man den Unterschied zwischen Sklaverei und Arbeitskraft im Sinne eines privaten Dienstvertrages der heutigen Gesellschaft?[41]

War es vielleicht die Art und Weise, in der die Demokratie entstand, die den Menschen immer mehr im Laufe der Zeit das Wissen entzog, so wie Platon behauptet hat? Oder war es eine Technik, die die Minderheit gegen die Mehrheit im Laufe der Jahrhunderte lernte, auszuüben, um die Kontrolle nicht zu verlieren, wie Foucault berichtet?

Historisch gesehen, führten alle sozialen und politischen Umstände der Geschichte der Menschheit zu vielfältigen Entwicklungen der Lebens- und Denkensweise des einzelnen Individuums. Der Übergang von diesen archaischen zu den mittelalterlichen und schließlich heutigen Gesellschaften führte durch diverse Erfindungen, Wahrnehmungen und zahlreiche andere Erfahrungen der Menschen. Dies geschah in allen Wissensbereichen, die der menschlichen Erkenntnis durch die Geschichte eröffnet worden sind.[42]

Mit der Entstehung des Römischen Rechts und der Gründung des Christentums, wurden die nächsten Schritte der Menschheit sozial und politisch tief geprägt.

---

40 Vgl. Thukydides, Geschichte des Pelloponesischen Krieges, Aschendorf Verlag 1986.

41 Wesel, Geschichte des Rechts, S. 78 ff.

42 Foucault, Überwachen und Strafen, S. 90 ff.

Schon am Anfang des 6. Jh. hatte sich das Christentum fast bis nach Skandinavien ausgebreitet. Genau das stärkte umso mehr das Feudalsystem,[43] das sich schon in Europa ausgebreitet hatte. Bis zum 3. Jh. war die christliche Religion die offizielle Religion des östlichen Römischen Reiches geworden. Diese Entwicklung auf dem Gebiet der Religion hat die politische Szene sehr beeinträchtigt. Die Kirche bekam immer mehr Anerkennung und somit auch Autorität. Die Gläubige wurden immer mehrere und die Macht der Kirche größer.[44] Der Patriarch, der Papst und der Kaiser waren nunmehr eine zentrale Macht, die regiert hat. Die einen im Reich der Lebenden und die anderen im Reich der Toten.

Wie Foucault betont, wurde bis zum 12. Jahrhundert das ganze Rechtssystem erfolgreich zum Nutzen des Herrschers reformiert und das Gesetz wird als Herrschaftsbezeugende Macht gegen die unterentwickelten, armen Menschen der niedrigen Schichten eingesetzt.[45]

Durch diese Jahre des Mittelalters, die historisch als die dunkelsten der Geschichte der Menschheit gelten, bereitete sich durch Unterdrückung und Armut die Zeit der Reform vor. Fraglich bleiben die Gründe, die die einzelnen Reformer zu neuen Kodifikationen führten.

Als 1762 die Idee des Gesellschaftsvertrags auftaucht, entsteht die Interpretation der Gesellschaft als Zusammenkommen von Individuen auf der Grundlage eines sozialen Abkommens an Boden zu gewinnen. Rousseau sieht die Funktion dieser sozialen Abkommen auf der Rolle einer zentralen Regierung gründen, die das politische Leitungszentrum eines Landes bildet. Diese zentrale Regierung sei vom Volk, „mit der Durchführung der Gesetze und der Erhaltung der bürgerlichen wie der politischen Freiheit,“[46] beauftragt. Foucault bezweifelt dies, und stellt sich unter den Äußerungen der Reformer keine anthropozentrischen Ideen vor. sie sich aus den theoretischen Äußerungen der Reformer vorgestellt hat. Er scheint nicht daran zu glauben, dass die Reformer aus Respekt vor den Menschen beispielsweise über mildere Strafen im Strafrecht Stellung nahmen, sondern weil sie sich durch den Strafvollzug „eine Tendenz zu einer sorgfältigen, verfeinerten Justiz, zu einem lückenloseren Durchkämmen des Gesellschaftskörpers“,[47] versprachen.

Die Situation kann also folgenderweise vergegenwärtigt werden: Während an manche Individuen eine sozialpolitische Verantwortung übertragen wird, über-

---

43 DUDEN, Das große Fremdwörterbuch, S. 451: „Feudalismus: auf dem Lohnsrecht aufgebaute Wirtschaft- und Gesellschaftsform, in der alle Herrschaftsfunktionen von der über den Grundbesitz verfügenden aristokratischen Oberschicht ausgeübt werden. – System des mittelalterlichen Europa“.

44 Durch die Magna Charta Libertatum im Jahre 1215 wurde der Kirche Unabhängigkeit von der Krone im Vereinigten Königreich garantiert.

45 Foucault, Die Wahrheit und die juristischen Formen, S. 58 ff.

46 Rousseau, CS, III.1, S. 62

47 Foucault, Die Wahrheit und die juristischen Formen, S. 99.

nehmen diese soziale Schichten, die sich bereits im Rahmen der Gesellschaft relativ früh aufgrund der Akkumulation von Eigentum gebildet hatten, die Aufgabe, untereinander die sozialpolitischen Tätigkeiten aufzuteilen.[48] Dieses Verfahren führt unausweichlich zu der Anerkennung einer gewissen Autorität dieser Schichten, welche die o.g. Aufgaben übernehmen, was allerdings langfristig zu der Entzweiung der gesellschaftlichen Einheit führt, und im Zusammenhang mit der Gesetzgebung schließlich die Aufteilung in *Gesetzesgeber* und *Gesetzesbrecher* untergräbt.[49]

Die Aufgabe der Gesetze besteht darin die sozialen Abkommen, die nach den Gemeinwillen der Bürger greifen, zu etablieren. Sie werden von einer Partei *gegeben* und müssen von der anderen Partei *befolgt* werden, oder vielleicht zutreffender, nicht *gebrochen* werden. In diesem Schema ist schon ein gewisses Maß von Autorität auf der einen Seite intensiver als auf der anderen. Dazu kann nur auf die Definition des Begriffes Autorität, verwiesen werden.[50]

Doch durch die allgemeine Anerkennung, die eine autoritäre Person im Gegensatz zu einer anderen genießt, entstehen Beziehungen zwischen verschiedenen Autoritäten. Im theologischen Sinn wurde der Gemeinwille, der zu den Regelungen, die eine Gesellschaft stützen sollen, führt, als der gesetzgeberische Wille Gottes interpretiert.[51] Im Hinblick aber auf den Einfluss der Autorität auf alle Religionen führte diese Interpretation im Laufe der Jahrhunderte zu sehr vielen Fehlern der Menschheit.[52]

Schließlich kann davon ausgegangen werden, dass sobald die Autorität des Gesetzgebers als irgendeine Form von Gewalt dem Individuum entgegen kommt, es sich dabei schon um einen Ausdruck seiner Macht nur handeln kann.

---

48 An dieser Stelle seien nur die Soziale Sicherungssysteme erwähnt, die zum Bereich der austeilenden Gerechtigkeit (= iustitia distributiva) gehören. Man vermochte damit – unter anderem – die Arbeitsteilung zur Bewältigung der Problemlagen und die Sicherung notwendiger Güter für die Existenz zu gewährleisten.

49 Siehe auch Derrida, Gesetzeskraft. Der mystische Grund der Autorität, S. 12 ff.

50 Wahrig, Deutsches Wörterbuch, 7.Aufl., S. 227, „Autoritäre Person: Person mit maßgebendem Einfluss, deren Wissen und Urteil allgemein anerkannt werden".

51 Weber – Fas, Über die Staatsgewalt, S. 48 ff.

52 Marx bezeichnete die Religion, als „Opium des Volkes". (Vgl. Marx „Zur Kritik der hegelschen Rechtsphilosophie", 1. Aufl. Leipzig 1986). Die Verfolgung von Frauen, die bis in die frühe Neuzeit, durch die kirchliche Justiz, wegen der von Theologen und Juristen verbreitete Vorstellung von einer vom Teufel geleiteten konspirativen Verschwörung gegen das Christentum, ist ein Element, das Marx's These bestätigt. Fehler, die in der heutigen Gesellschaft unvorstellbar sind. Zur Erinnerung soll hier auch auf die Inquisition verwiesen werden. Eine Behörde, die für die Bekämpfung solcher Lehren eingesetzt wurde, die von der römischen – katholischen Kirche als ketzerische Irrlehren verurteilt worden waren.

2.1.2 Die Machtbeziehungen innerhalb einer Gesellschaft

Diese Macht, die durch die Autorität des gesetzgebenden Subjektes zum Vorschein kommt, beeinflusst die Weiterentwicklung der menschlichen Beziehungen innerhalb einer Gesellschaft. So entstehen Gruppen die mehr und Gruppen die weniger Macht innerhalb einer sozialen Umgebung genießen.

Indem diese Autorität, theoretisch nur soweit vorhanden ist, weil sich – wie schon erwähnt – ein Teil der Gesellschaft für die sozialpolitischen Tätigkeiten einsetzen muss, entsteht eine Verantwortung, gegenüber der Öffentlichkeit. Eine Verantwortung die man versucht, durch schriftliche Regelungen einerseits zu übernehmen und andererseits zu verteilen.

In diesem Zusammenhang könnte man auch auf das Werk Derridas „Gesetzeskraft. Der mystische Grund der Autorität" zurückgreifen. Seines Erachtens ist der Begriff der Gewalt im Begriff der Gerechtigkeit als Recht einbegriffen.[53] Was wiederum bedeuten würde, dass eine beinahe germanische Betrachtungsweise dem Rechtssystem entgegen stehen könnte und man von einer *geregelten Form der Kriegsführung* zwischen Individuen – und nicht nur Staaten – ausgehen kann, wie Foucault vom germanischen Recht berichtet.[54]

Diese Form von Gewalt, die als eine legitimierte der Nichtlegitimierten entgegen tritt kann eigentlich metaphorisch als ein *kleiner Krieg* dargestellt werden.[55] Ein Krieg, der auf der sozialen Ebene zwischen Individuen geführt wird. Wie bei jedem Krieg, könnte es auch bei einer Mikrographie des Begriffes nur um Macht gehen. Besonders als die politische Gewalt und die Person des Herrschers unter den Einfluss der Monarchie zusammengetroffen sind.

Denn sobald es um die Macht in einer Gesellschaft geht, steht der Schwächere gegenüber dem Stärkeren. Der letzte möchte allerdings im Gegensatz zu den Schwächeren, etwas bewahren, das er schon besitzt. An diesem Punkt werden die Machtbeziehungen in einer Gesellschaft nach Foucault zum Problem.[56]

In einer Gesellschaft, die ihre Regierungsform gerne durch einen Gesellschaftsvertrag begründet, der einen freien Spielraum legitimierter Gewalt offen lässt, welche sich wiederum durch soziale Umstände einer Regierungsform wie die Monarchie[57] entwickeln muss, ist es historisch und psychologisch[58] gesehen zu erwarten, dass der Mensch sich von der Idee der Macht angezogen fühlen wird.

---

53 Derrida, Gesetzeskraft. Der mystische Grund der Autorität, S.12.

54 Foucault, S. 46.

55 Wahrig, Deutsches Wörterbuch, 7. Aufl., S. 552: Eine Definition des Begriffes Gewalt, ist Macht, Befugnis zu herrschen.

56 Foucault, S. 65; Vgl. Alfred Adlers Individualpsychologie, München 1972, S. 119 ff.

57 Mit dem Wort Monarchie, wird in diesem Kontext, jede Monarchie gemeint. Der Begriff
an sich. Wenn Staatsgewalt und Herrscher, in einer Person verkörpert werden.

Kant schreibt in seinem Werk „Zum ewigen Frieden“, dass „wer einmal die Gewalt in Händen hat, wird sich vom Volk nicht Gesetze vorschreiben lassen“.[59]

Dieser Aspekt, führt nach Foucault, zur Disziplinargesellschaft. Eine Gesellschaft, in der die Entstehung mehrerer sozialer Schichten, der stärkeren Schicht die Gelegenheit, an der Macht Gefallen zu finden, gibt. So entstehen die Machtbeziehungen innerhalb einer Gesellschaft. In Folge dessen, stellt sich die Frage, wie diese Überlegenheit beständig werden kann, ohne sich von den sozialen Verhältnissen zu beeinflussen. In diesem Zusammenhang tritt die Disziplin im Machtsystem als Instrument der Erhaltung der politischen Sicherheit der Oberklasse auf.

Man muss sich die Situation als die folgende vorstellen: ein Staat gewinnt den Krieg und infolge dessen sind die Untertanen des besiegten Staates Kriegsgefangene. Doch, es ist ein ganzes Volk. Man kann natürlich als Imperator versuchen, sie mit Gewalt an eine Situation ohne Souveränität anzupassen. Oder, man kann versuchen sie zu überzeugen, dass diese Entwicklung letztendlich von Nutzen gewesen sein könnte. Doch dieser Vorgang erfordert den Einfluss auf die Denkweise jedes einzelnen Bürgers. Der Eingriff im Wissensbereich der Subjekte kann in so einem Fall nur durch die Entstehung einer sozialen Ethik erfolgen. Ethik ist, um auf Aristoteles, den *Erfinder* des Begriffes, zurückzugreifen,[60] der Zustand indem sich ein denkendes Wesen mental befindet, sobald es seine eigene Denkensweise erreicht hat. Doch die Denkensweise kann nur etwas persönliches sein, weil der Denkmechanismus – das Gehirn – sich in jedem Individuum anders entwickeln kann.[61]

Dieses Zeitalter beschreibt schließlich Foucault als das Zeitalter der sozialen Orthopädie.[62] Im Verfahren selbst sieht er den Begriff der Macht aufgehen, und in der daraus resultierenden Gesellschaftsform schließlich eine Disziplinargesellschaft entstehen.[63]

Disziplin, ein Begriff der als Zucht, Ordnung, Unterordnung definiert wird.[64] Der Eingriff im Wissensbereich des Individuums mit dem Ziel es sozial zu *züchten, zu ordnen, unterzuordnen.*

Doch in einer zivilisierten Gesellschaft, mit einem Rechtssystem, das sich bereits durch einen Gesellschaftsvertrag dazu verpflichtet hat, für das Glück des Individuums zu sorgen, stellt sich die Frage, wie diese *Zucht* auf eine zivilisierte

---

58 Vgl. Alfred Adlers Individualpsychologie, München 1972, S. 119 ff.

59 Kant, Zum ewigen Frieden, S. 37-38.

60 Aristoteles, Nikomachische Ethik, Leipzig 1921, Buch A’, S. 1 ff.

61 Eingehend dazu Gerhard Roth, Das Gehirn und seine Wirklichkeit, Suhrkamp 1997.

62 Foucault, S. 85.

63 Foucault, S. 85.

64 Wahrig, Deutsches Wörterbuch, 7.Aufl. S. 357.

Art und Weise stattfinden kann. Ebenso bleibt fraglich, inwiefern sich ein solches Verfahren mit dem Begriff der Menschenrechte vereinbaren lässt.

Ein Blick auf die Funktionen des Rechtssystems scheint in diesem Sinne unentbehrlich.

Das Rechtssystem, versucht sich mit zwei Funktionen auf sozialer Ebene festzulegen: Einerseits durch seine regelnde und andererseits durch seine pädagogische Funktion.[65] Durch die regelnde Funktion möchte es Modelle sozialen Verhaltens auferlegen und durch die pädagogische erhofft es sich, die Bürger davon zu überzeugen, dass das angetrachtete Verhalten ihrem Willen entspricht.

In diesem Zusammenhang erfolgt diese Funktion nach dem biblischen Beispiel[66], sobald geschriebene Regeln, dem Individuum gegeben werden. Geschriebene, zu befolgende Gesetze, die das soziale Leben regeln sollen.

2.2 Das Gesetz

2.2.1 Die Entstehung des Gesetzes innerhalb einer Gesellschaft

Nachdem im letzten Kapitel dargestellt wurde, wie es für die Gesellschaft angebracht erschien, ein Rechtssystem aufzubauen, führt der nächste Schritt zu der näheren Betrachtung der Entstehung dieses Rechtssystems und dessen Definition.

Als Einführung sollen nur zwei widersprüchliche Perspektiven geboten werden. Einerseits die Perspektive des Hippias, der das Gesetz als den Tyrann des Menschen versteht.[67] Andererseits eine aktuelle Perspektive, die das Gesetz als Kleidung der Freiheit verstehen möchte.[68]

Worum handelt es sich bei dem Begriff Rechtssystem? Ein System, das aufgebaut wurde, um die Gesamtheit der rechtlichen Vorschriften innerhalb einer Gesellschaft zu beinhalten, also ein System, das als Rechtsordnung definiert wird, weil es diese versichern soll.[69]

Im Zusammenhang mit dem Begriff *Recht* an sich erscheint ein kurzer historischer Rückblick interessant. Die etymologische Betrachtung auf indoeuropäischer Ebene bringt nämlich Merkmale des Begriffs zum Vorschein. Alle Wörter,

---

65 Papachristou, a.a.O., S. 31 ff.

66 Als biblisches Beispiel, werden die 10 Gebote gemeint, die vom Gott der mächtigsten Religion den Menschen als Gesetz Gottes gegeben wurden.

67 Wesel, Geschichte des Rechts, S. 143.

68 Information zur politischen Bildung – Kriminalität und Strafrecht, S. 29: es wird Gustav Heinemann zitiert.

69 Wahrig, Deutsches Wörterbuch, S. 1032, „Rechtsordnung: die Gesamtheit der rechtlichen Vorschriften".

die im Laufe der Zeit eingesetzt wurden, um diesen Begriff des Rechts darzustellen, haben ähnliche Wurzeln: in der griechischen Sprache *δίκαιο* (= dikeo), in der englischen *right*, in der französischen *droit*, in der deutschen *Recht*, in der italienischen *diritto*, in der spanischen *derecho*. Während der griechische Begriff auf das altgriechische Wort *δείκνυμι* (= diknimi, das hinweisen, zeigen bedeutet) fußt, scheinen alle anderen Begriffe ihre Wurzel im lateinischen *dico* zu haben, das *sagen* und *benennen* bedeutet. Doch diese beiden führen zum Begriff *deik* zurück, das aus dem Sanskritischen *dis-* stammt.[70] Das wiederum führt zum summerischen *di*, das der einzelne Streitfall, die Rechtsangelegenheit bedeutet.[71] Interessant ist auch den deutschen Begriff *Recht* zurückzuverfolgen: dieser stammt nämlich vom althochdeutschen Wort *reht*, das vom germanischen *rehta* und dieses die alte Partizipialbildung zum indogermanischen *reg-* aufweist, das *aufrichten, gerade richten, lenken, führen, herrschen* bedeutet.[72]

Diese kurze Einführung in die Etymologie des Begriffes, soll nur dazu dienen, die ersten Ansatzpunkte der Entwicklung des heute geltenden Rechtssystems bei der näheren Betrachtung wahrzunehmen. Denn durch die Definition der Wörter *dico*, *deik* und *diknimi* ergibt sich die inhaltliche Voraussetzung, die der Begriff *Recht* erfüllen soll. Das Ziel des sprachlichen Ausdrucks ist nämlich das *Mitteilen einer Wahrnehmung*. Die Definition des Begriffes verkörpert das wahrgenommene Subjekt.[73] Der Begriff Recht verkörpert also auch etwas, das der Mensch wahrgenommen hat.

Wichtig scheint es, an diesem Punkt die Veränderungen zu erwähnen, die den Begriff im Laufe der Zeit prägten. Im antiken Griechenland wurde das *diknimi* in Bezug auf die Gerechtigkeit eingesetzt. Recht war für Aristoteles und Platon die Gerechtigkeit selbst und diese definierte man im Zusammenhang mit dem Begriff Gleichheit. Diese Wahrheit wollte man dem Menschen als Gesetzgeber *zeigen (= diknimi)*. Wie schon erwähnt, trifft das historisch gesehen nicht auf diese Gesellschaften zu, die wir von Herodot, dem ersten Historiker, kennen. Zwar wissen wir, dass Solon eine neue Rechtsordnung aufbauen wollte, doch da sich der Mensch in dieser Epoche bereits im Zeitalter des Patriarchats und somit auch des Eigentums befand, ist es nicht paradox anzunehmen, dass auch er sich für die Erhaltung seines Eigentums gesetzmäßig eingesetzt hat.

Diese Information über die Gesetzgebung seiner Zeit entnimmt man den Texten, die uns zur Verfügung stehen. Solon nennt seine Rechtsordnung ein Zwangssystem, indem er Gewalt und Recht zusammenfügt. Über die Demokratie seiner Zeit wissen wir, dass die Bauern sogar als Sklaven verkauft werden

---

70 Papachristou, a.a.O., S. 38 ff.

71 Wesel, Geschichte des Rechts, S. 74 ff.

72 Wahrig, Deutsches Wörterbuch, S. 1031.

73 Vgl. Wittgenstein, Logisch-philosophische Abhandlung / Tractatus logico- philosophicus, Suhrkamp 2003.

konnten, um so den Besitz der Adligen zu schützen.[74] Philosophisch, kann man sich auf die Definition berufen und vielleicht auch nur dazu sagen, dass es in jeder Gesellschaft Menschen gegeben hat, die sich für die Menschheit etwas Besseres vorgestellt haben, weil sie vielleicht der menschlichen Wahrnehmung mehr zugetraut haben.

Denn wenn man sich noch tiefer in die Vergangenheit begibt und zwar zu den ältesten Quellen, die wir aus der Zeit des Summerischen Rechts über das Rechtssystem haben, scheint eine fast ähnliche Situation zu existieren wie in der Zeit des Solon. Das zweite uns bekannte schriftliche Gesetz, das des Hammurambi[75] (2. Jh. v. Chr.), scheint sich als politisches Ziel, die soziale Gerechtigkeit zu setzen. Doch ein tieferer Blick in die Dreiteilung der Klassengesellschaft zeigt, dass auch in dieser Zeit die unterste Gesellschaftsstufe, die Sklaven, vielleicht sogar die Bürger gewesen waren.[76] Diese Informationen sollen nur dazu dienen, dem ganzen Rechtssystem, vielleicht ein bisschen misstrauisch gegenüber zu stehen, obwohl die Kraft der Sprache es den Gesetzgebern vielleicht ermöglichte, diplomatisch der Menschheit gegenüber zu treten.

Aber um auf den Vorgang der Entstehung zurück zu kommen: Es existiert also ein Zeitpunkt der menschlichen Geschichte, an dem der Mensch die Regeln, mit deren Hilfe er sich eine zivilisierte Gesellschaft aufzubauen verspricht, durch die Sprache und die Schrift als allgemein anerkannte Vorschriften unter dem Begriff des Rechtssystems anerkennt. Denn ohne Zweifel ist die Schrift, die der Sprache eigentlich folgt, ein Faktor, der die *Gravierung* einer Durchsetzungsfähigkeit der Norm als ein Konstrukt der Realität in das kollektive Unbewusstsein erst möglich macht.[77]

Unter diesem Aspekt entwickelt sich im Nachhinein und sehr viel später die Rechtswissenschaft. Zweck des schriftlichen Rechtssystems war es anfangs alle allgemein anerkannten Regeln, die innerhalb einer Gesellschaft gelten, zu versichern und zu stabilisieren. Denn durch die *Gravierung,* die durch die Schrift verursacht wird, entsteht erst ein Dogma, das im Nachhinein allgemeine Anerkennung genießt und vielleicht auch so die Freiheit des unterworfenen Betrachters umso mehr verringert.[78]

---

74 Nomos und Gesetz, Ursprünge und Wirkungen des griechischen Gesetzdenkens, hrsg. v. Behrends/Sellert. S. 13 ff.; Gehrke, Der Nomosbegriff der Polis, S. 22.

75 Diverse Untersuchungen konnten belegen, dass der Codex Hammurambi, nicht das erste schriftliche Gesetz ist, das die menschliche Geschichte vorzuweisen hat, sondern der Codex Urnammu (2100v. Chr.). Siehe auch Wesel, Geschichte des Rechts, S.74.

76 Wesel, Geschichte des Rechts, S. 83 ff.

77 Papachristou, a.a.O., S. 10.

78 Papachristou, a.a.O., S. 11; Derrida, Gesetzeskraft. Der mystische Grund der Autorität, S. 79: „Das Gesetz ist transzendent und theologisch, es bleibt immer im Kommen, es ist immer ein versprochenes, weil es immanent, endlich und folglich bereits vergangen ist. Jedes Subjekt befindet sich im Voraus in dieser aporetischen Situation, es ist im Voraus deren Gefangener".

Aus dem Römischen Recht entnehmen wir die Information, dass die ersten schriftlichen Normen eigentlich Gerichtsurteile waren, deren Durchsetzungsvermögen man gewährleisten wollte. So entstand eine Sammlung von Rechtsfällen, die für die Fortbildung des Rechts eine sehr große Rolle gespielt haben, weil sie die dogmatische Dimension verkörpert haben.[79]

Diese Tatsache soll dazu dienen die Herkunft der Normen deutlicher als Bekämpfungsmittel einer schon bestehenden Situation zu verstehen. Fraglich bleibt welche. Erst ergaben sich die Probleme unter den Individuen einer Gesellschaft und demzufolge versuchte man diese zu lösen. Mit der Durchsetzung spezieller Urteile, die eine gerichtliche Institution zu einem Ergebnis führte und die auch als Kommentarwerke zu verstehen sind, wie z.B. des Ulpius und des Paulus, entstanden die ersten Konstitutionen.[80]

Die darauf folgenden Kodifikationen dieser allgemein anerkannten Regeln, in einem logisch aufgebauten Text führten zur Entstehung der Rechtsnormen über das Gewohnheitsrecht, dass schon früher informell von den Menschen angenommen wurde. Die ersten Konstitutionen sind im Codex Justinianus gesammelt.

Interessant scheint allerdings der historische Hintergrund der Entstehung der Zwölftafelngesetzgebung, die Ansatzpunkt für die Fortentwicklung des Römischen Rechts war. Die Zwölftafelgesetzgebung, liegt wie die Historiker behaupten, im Zusammenhang mit den um diese Zeit beginnenden Ständekämpfen zwischen Patriziern und Plebejern.[81] Demzufolge scheinen alle späteren Schritte des Römischen Rechts auch unter diesem Aspekt betrachtet werden zu müssen. Anlass für diese sehr wichtige Phase der Gesetzgebung scheint ein politischer Kompromiss gewesen zu sein, da die Ständekämpfe der Plebejer durch die Gesetzgebung von den Patriziern beseitigt wurden. Doch wer waren die Plebejer im alten Rom? Waren es nicht etwa einerseits die Sklaven und andererseits die Untertanen, die für ein schriftliches Gesetz und die Festigung ihrer Bürgerrechte kämpften? Bei den Zwölf Tafeln handelt es sich um die Aufzeichnung einer Rechtsordnung, die sich mit den Bürgerrechten befasste. Es waren die Bürgerrechte von Bürgern, die man zu dieser Zeit nicht von den Sklaven unterscheiden konnte, da es sich um die unterentwickelten Schichten der Gesellschaft handelt (Bauern, Handwerker, Sklaven, die sich frei gekauft hatten). Dieses Recht entstand unter dem Namen Ius Civile. Auf die Ähnlichkeit der Umstände mit denen des früheren Codex Hammurambi braucht nicht präziser verwiesen zu werden. Sie ist offensichtlich.

---

79 Savigny, Politik und neuere Legislationen, hrsg. v. Akamatsu/Rückert. (Savigny, Bl. 73r. Gewohnheitsrecht).

80 Kunkel, Römische Rechtsgeschichte, S. 146 ff.

81 Kunkel, Römische Rechtsgeschichte, S. 31 ff.

Diese Vorstellung einer schriftlichen Norm, die den Bürger dazu auffordert, eine gesellschaftlich anerkannte Regel zu befolgen und somit sein Verhalten danach zu richten, führte zur Kontrolle des Verhaltens des Individuums um die Rechtssicherheit zu verfestigen. Denn die Verwandlung einer gesellschaftlichen Regel in eine Rechtsnorm, die das erwünschte Verhalten durch die Wahrscheinlichkeit eines *eventus judicii* gestaltet, stützt sich eigentlich auf die Furcht die diese Wahrscheinlichkeit mit sich trägt.[82]

Hiermit erscheint wieder der Begriff der Gewalt, die nunmehr als Vorform der Staatsgewalt vorgeführt werden kann, und im Zusammenhang mit dem Begriff des Rechtsstaates[83] zu der Verdeutlichung des Zweckes eines Rechtssystems und somit einer Rechtsnorm führt.

Somit erfolgt der Übergang von der Rechtsnorm zum Gesetz. Das Gesetz soll der schriftlichen Festigung dieser Rechtsnormen, durch die sich das Rechtssystem ihre Befolgung zu garantieren verspricht, dienen.

In der bereits angesprochenen pluralistischen Gesellschaft, in der diese Befolgung der Rechtsnormen ein balanciertes Zusammenleben herstellen sollte und in der diese Aufgabe an einen Rechtsstaat erteilt wurde, findet die Staatsgewalt ihren Ausdruck. Doch da es sich bei den Organen des Staates um Menschen handelt, ist jede staatliche Tätigkeit daher eine menschliche Tätigkeit.[84]

Diese Tatsache verweist auf die Funktionen der Politik innerhalb der Gesellschaft. Die politische Dimension, die im antiken Griechenland – oder präziser ausgedrückt in der klassischen Philosophie der Griechen – nur als ein Mitwirken des Bürgers interpretiert wurde, ist nunmehr unter dem Aspekt der Staatsgewalt zu betrachten. Denn sobald man innerhalb einer Gesellschaft von einer Gesetzgebung ausgeht, die von manchen Menschen, die die Staatsgewalt innehaben, festgelegt werden, begreift man nunmehr die Politik als ein Ordnungsgefüge, das sich von oben her über die Gesellschaft legt.

Diese Wahrnehmung erklärt auch, warum im 18. Jh., wo nunmehr eine Rechtsphilosophie der bürgerlichen Gesellschaft[85] entstand, der Versuch das Recht abstrakt zu definieren begann. Waren es eigentlich seit dem nur die Formalitä-

---

82 Papachristou, a.a.O., S. 13 ff.

83 Wird im Kap. 3.3.2 näher betrachtet.

84 Jellinek, Der fehlerhafte Staatsakt und seine Wirkungen, Heidelberg 1908, S. 8.

85 Mit „Rechtsphilosophie der bürgerlichen Gesellschaft" soll hier nur darauf aufmerksam gemacht werden, dass der unterdrückte Bürger versuchen wird das Rechtssystem von seiner Perspektive aus zu definieren. Diese Perspektive ist aber durch die Unterdrückung der Anwendung eines Gesetzes gekennzeichnet. Das wiederum bedeutet, dass er das Gesetz wahrscheinlich als Struktur versuchen wird zu bekämpfen, um die Anwendung oder die Konsequenzen zu umgehen. Darum könnten diese Umstände zur abstrakten Definition des Systems führen.

ten, die man zu definieren versuchte? [86] Es scheint, als hätte man sich zu diesem Zeitpunkt mit der zentralen Ausübung der Gewalt zufrieden gegeben und als habe man nicht mehr darüber diskutieren wollen, ob und inwiefern man auf politischer Ebene sich für das Gemeinwohl und den Gemeinwille einsetzt.

Entstand somit innerhalb dieser späteren Gesellschaften ein Vertrauen den Herrschern gegenüber? Tatsache ist, dass die Staatsgewalt als sozialer Schutz interpretiert wird. Diese Staatsgewalt wird natürlich in einer demokratischen Gesellschaft durch die Mitwirkung des Volkes aber dennoch auf parlamentarischer Ebene ausgeübt. Somit soll eigentlich die gerechte Gesetzgebung gewährleistet werden. Da die Beziehung zwischen Staat und Bürger im Gesellschaftsvertrag widergespiegelt ist und somit auch die parlamentarische Demokratie als ein Faktor der balancierten Funktion dieser Beziehung betrachtet werden kann, sollte hier wieder auf den Gesellschaftsvertrag verwiesen werden. Nach Rousseau ist die Kraft der Regierung am größten, wenn sie in der Hand einer Person liegt. Wenn sie aber durch alle Bürger gebildet ist, sei die Kraft am geringsten. In diesem Zusammenhang meint er „dass sich nur Götter, nicht Menschen demokratisch regieren können“.[87]

Was passiert eigentlich in dieser nun durch eine zentrale Staatsgewalt regierende Gesellschaft, wenn die Regierungen entdecken, wie Foucault berichtet, „dass sie es nicht einfach mit Untertanen, auch nicht bloß mit einem Volk, sondern mit einer Bevölkerung mit spezifischen Problemen und eigenen Variablen zu tun haben wie Geburtenrate, Sterblichkeit, Lebensdauer, Fruchtbarkeit, Gesundheitszustand, Krankheitshäufigkeit, Ernährungsweise und Wohlverhältnisse?“[88]

2.2.2 Erste Alternative: Gesetz durch Macht?

Innerhalb dieser Gesellschaft, deren Gesetzgebung von einer zentralen Regierungsform abhängt und deren *Untertanen* immer Menschen bleiben, entwickelt sich die sozialpolitische Dimension. Diese entwickelt sich allerdings parallel zu allen anderen Dimensionen der menschlichen Gemeinschaft, und wird deshalb von allen anderen der Entwicklung helfenden Faktoren beeinflusst.

Durch den historischen Rückblick auf rechtlicher Ebene stolpert man immer wieder auf einen Faktor der Entwicklung der menschlichen Zivilisation, der sich

---

86 An diesem Punkt, möchte ich auf Kant verweisen und seine Metaphysik der Sitten. Dort gibt er folgenden Begriff des Rechts: „Das Recht ist also der Inbegriff der Bedingungen, unter denen die Willkür des einen mit der Willkür des anderen nach einem allgemeinen Gesetze der Freiheit zusammen vereinigt werden kann“.

87 Rousseau, Vom Gesellschaftsvertrag oder Prinzipien des Staatsrechts, Tübingen 2000. S. 18 ff.

88 Foucault, Sexualität und Wahrheit I: Der Wille zum Wissen, S. 31 ff.

parallel zum Rechtssystem weiterentwickelt hat. Es handelt sich um den Faktor der Ökonomie.

Obwohl dieser Begriff thematisch nicht zur vorliegenden Arbeit eine direkte Beziehung zu haben scheint, würde in Hinblick auf die heutige Realität jede Analyse des Rechtssystems einen kurzen Blick nicht entgehen können.

Wie schon erwähnt, war es der Begriff des Eigentums, der die menschliche Zivilisation radikal verändert hat. Dieser Begriff steht aber auch in einer engen Beziehung zu dem Begriff der Ökonomie. Interessant erscheint, seine Entstehung im Zusammenhang mit dem Menschen näher zu betrachten.

Das Patriarchat und somit auch die Protostaaten, die später zu den heutigen Staaten geführt haben, identifizierten sich immer mehr mit einem Wert, den sie selbst erfanden. Es erscheint logisch, dass sich das menschliche Wesen im Laufe seines Daseins an materiellen Formen zu binden vermochte, denn wahrscheinlich ist das eine Perspektive des Wesens, das zur Wahrnehmung neigt und sich doch kein vollständiges Bild seiner Selbst schaffen kann. Diese Analyse gehört eigentlich der Wissenschaft der Psychologie oder der Anthropologie an, obwohl man nicht einfach behaupten kann, dass die einzelnen Wissensbereiche ausreichend analysiert werden können, wenn sie sich nur auf spezielle Perspektiven beschränken. Unsere Wahrnehmung ist anthropozentrisch, da es der Mensch ist, der wahrnimmt, und daher sind es alle Perspektiven gleichzeitig, die zur Erkenntnis führen.

Durch die Bindung des Menschen an materielle Formen, faltete sich der Begriff des Eigentums innerhalb der Gesellschaft aus. Der Versuch des Menschen, seine Unsicherheit durch sein Eigentum zu beruhigen – weil er sich so sein Überleben durch sein Eigentum, wie z.B. Land, um es anzubauen und anzupflanzen gewährleisten konnte – hat zu der Entwicklung des Begriffes an sich beigetragen. Im Laufe der Zeit entwickelte sich eine neue materielle Form, die auf die Form des Eigentums zurückführt und den Begriff des Reichtums verkörpert. Foucault meint hierzu, dass dieser Faktor zur Abhängigkeit des Menschen vom Begriff der Macht führt.[89]

Doch was meint Foucault damit? Welcher Zusammenhang besteht zwischen Reichtum und Macht und wie tief kann er in der menschlichen Wahrnehmung verankert sein?

Wenn man sich die Entwicklung der Menschheit ansieht, scheint es nur konsequent zu sein, dass derjenige der sich einmal in einer mächtigen Position befindet, sich nicht mehr davon losreißen möchte. Denn was bedeutet eigentlich Machtposition?

Der Mensch hat natürliche Notwendigkeiten, die er zu erfüllen hat, wenn er überleben möchte. Seit es das menschliche Wesen gibt, sucht es nach einfache-

---

89 Foucault, S. 99 ff.

ren Wegen um zu überleben. Damit ist gemeint, dass das Streben des Menschen nach Evolution natürlich auch seine Notwendigkeiten erfasst und er sich somit z.B. nicht mehr auf die Jagd nach dem Wildschwein machen muss. Doch was geschieht wenn man den einfachsten Weg gefunden hat? Es ist davon auszugehen, dass man mit dem Gedanken spielt, ihn zu erhalten. Verkörpert aber diese Aussage nicht die Definition der Macht? Was ist ferner als Entwicklung dieses Umstandes zu erwarten, wenn die zu erfüllenden Notwendigkeiten immer fiktiver werden und es nicht mehr nur ums Überleben geht, aber um ein besseres Leben?

Angebracht erscheint an diesem Punkt, kurz über die Vorstellung des Menschen von einem *besseren Leben* zu berichten. Die Art und Weise, in der der Mensch im Nachhinein die Verbesserung seines Lebens interpretiert, entfernte sich im Laufe der Zeit von seiner Natur.

Demzufolge begann der Mensch sich unter dem Begriff der Notwendigkeiten, Situationen vorzustellen, die entweder sozial oder technisch seinen Alltag verändern. Fraglich bleibt, inwiefern es sich bei diesen, vielleicht auch fiktiven Situationen um Notwendigkeiten handelt.

Um dieses Argument noch verständlicher auszudrücken, könnte folgendes hilfreich erscheinen: die Tatsache, dass der Mensch für sein Überleben Nahrung braucht, stellt unumstritten eine Notwendigkeit dar. Doch in wie fern der Besitz von Produkten, die er manchmal sogar nie gebraucht und die sich dennoch in vielen Haushalten massenhaft ansammeln, eine Notwendigkeit darstellt, lässt sich bezweifeln. Dennoch scheint der Mensch immer mehr Produkte zu benötigen und immer mehr zu produzieren.

Könnte es sich also bei den Begriffen der Macht und des Eigentums um Geschöpfe der menschlichen Phantasie handeln? Könnte man vielleicht metaphorisch über ein Plasma[90] der menschlichen Denkensweise sprechen? Ein *Plasma,* das wahrscheinlich gut genug war um daran zu glauben und sich so von der ursprünglichen Form des Wissens über seine Hypostase zu entfernen.

Diese Hypothese, dass der Drang nach einem Glauben ein *Plasma* in der menschlichen Denkensweise hervorrufen könnte, führt zu Nietzsche. In seinem Werk „Fröhliche Wissenschaft“ versucht er zu erklären, wie sich der Mensch durch die Entstehung der Religion an einen Glauben zu klammern versucht.[91] Dieses Beispiel soll nur dazu dienen, den Glauben wie auch Nietzsche ihn beschreibt als Faktor, der den Willen des Menschen nach Erkenntnis schwächt, zu verstehen. Denn dies steht hier im engen Zusammenhang zu der Annahme

---

90 DUDEN, Das große Fremdwörterbuch, S. 1047: „Plasma: stammt aus dem griechischen πλασμα (=Plasma) und wird als das Gebildete, Geformte – Geschöpf - definiert. Das neugriechische – deutsche Wörterbuch, definiert den Begriff auch im Zusammenhang mit der Phantasie. Also, Geschöpf der Phantasie“.

91 Nietzsche, Fröhliche Wissenschaft, S. 149 ff.

Foucaults in einer Disziplinargesellschaft im Wissensbereich des Menschen eingreifen zu können. Daraus wird wohl auch ersichtlich, warum Foucault die Erkenntnis als ein Ereignis darstellt, das man beeinflussen könne.[92]

Mit jedem exosomatischen Eingriff könnte demnach ein *Plasma* in der menschlichen Denkweise entstehen. Diesem Aspekt nach wäre es durchaus möglich seine Notwendigkeiten anhand eines *Plasmas* zu interpretieren. Diese Tatsache wiederum steht der ursprünglichen Form des Wissens über seine Hypostase dem Menschen gegenüber. Denn natürlich ist es nicht zu übersehen, dass der Mensch die wichtigste Frage, die er sich je gestellt hat, nach tausenden von Jahren immer noch nicht zu beantworten weiß. Es handelt sich um diese fast nunmehr romantische Frage nach seiner Existenz. Diese Unfähigkeit sich selbst zu definieren, obwohl man im Stande vieles um sich herum zu definieren ist, führt erst den Menschen nämlich zu der Erfindung einer alternativen Denkweise. Eine Denkweise, die Geschöpfe seiner Phantasie als real betrachtet und ihn so von seiner Unfähigkeit, die oben genannte, ursprüngliche Existenzfrage zu beantworten, ablenkt. Könnten also die Begriffe die hier zur Debatte stehen, nämlich die der Macht und des Eigentums als Konsequenzen der menschlichen Unsicherheit interpretiert werden?

Doch der Begriff des Eigentums ist nur ein Teil der Ökonomie. Ein anderer, sehr wichtiger Teil, ist der Überlebensinstinkt des menschlichen Wesens. Während in den frühen Gesellschaften die Nahrung durch Sammeln oder Jagen sichergestellt wurde, begann man im Laufe der Zeit, wie schon erwähnt, nach neuen, einfacheren Methoden zu suchen. Die Tatsache, dass der Mensch durch den Übergang von den Sammlergesellschaften zu den Segmentären Gesellschaften und den Protostaaten seine technische Ausrüstung entwickelte und sich somit seine Nahrung selbst herstellen konnte, war eine Zeitspanne, die wohl als eine Wende in der menschlichen Geschichte betrachtet werden kann.

Als in den späteren Gesellschaften die Produktion zum Alltag des Menschen wird, beginnt der letzte dieses Ansammeln von Produkten, das ihm zum Überleben verhilft, mit dem Begriff des Eigentums zu kombinieren. Somit festigt sich die schon erwähnte Interpretation des Eigentums als Reichtum.

Dic Ancignung von Produkten, dessen Einsatz nicht nur zur Deckung ursprünglicher, sondern auch der erlernten fiktiven Bedürfnissen dient, führt allerdings zu einem steigernden Interesse dem ganzen Produktionsvorgang gegenüber. Einen Produktionsvorgang, in dem auch Foucault die Entstehung des Produktionsapparates zu entdecken versucht.[93]

Der ökonomische Produktionsapparat stellt immer mehr einen Überlebensmechanismus dar und die Produktion an sich wird zum Mittelpunkt der menschlichen Gesellschaft.

---

92 Foucault, S. 23 ff.
93 Foucault, S. 122 ff.

Der fehlenden Objektivität dem Eigentum gegenüber folgt eine ähnliche psychische Haltung der Produktion gegenüber. Demzufolge scheint das Zeitalter des Konsums, das unsere Gesellschaft heute durchlebt den Umständen entsprechend erreicht worden zu sein. Heute scheint dieser Aspekt aktueller den je zu sein und dem leuchtet auch die Definition von Konsumieren hier eigenständig ein.[94]

Doch die Wurzeln führen weit in die Vergangenheit des menschlichen Wesens zurück. Das menschliche Tier, fast abhängig von seiner Schöpfung, gedachte im Laufe seiner Existenz den Produktionsapparat mit neuen effizienten Methoden auszustatten, um die Produkte, die er immer mehr benötigt, und auch selbst produziert zu sichern. Das Rezept wird bei einem derartigen Unterfangen schnell in Worten gefasst: „Die Arbeitsteilung steigert die Produktion", schreibt Adam Smith und dieses Zitat spiegelt den Versuch des Menschen, den Produktionsapparat so effektiv wie möglich zu gestallten wider.[95]

Doch was bedeutet Arbeitsteilung? Bedeutet es, dass man innerhalb einer Gemeinschaft dem einzelnen Individuum eine spezielle Tätigkeit auferlegt, und so wiederum dem Aufteilungs-Schema der sozialpolitischen Tätigkeit, bei der Entstehung des sozialen Bundes den Dienst erweist?[96]

Es wird deutlich, dass die Umsetzung eines derartigen Systems eine Koexistenz von Rechtssystem und Ökonomie voraussetzt. Denn um diese soziale Aufgabe zu übernehmen und die Tätigkeiten der einzelnen Individuen zu bestimmen, ist die Anwendung von Gewalt erforderlich, der vielleicht sogar die Entstehung des bereits skizzierten *Plasmas* zuzuschreiben wäre. In einem legitimierten Staat könnte allerdings diese Form von Gewalt nur als legitimierte Handlung funktionieren.

Karl Marx bezeichnet das Recht als eine Reflektion der Ökonomie. Seines Erachtens werden die jeweiligen wirtschaftlichen (ökonomischen) Umstände im Rechtssystem widergespiegelt.[97] Diese These deutet darauf hin, dass sich die Entwicklung des Rechtssystems und des Wirtschaftssystems gegenseitig beeinflussen. Zieht man an dieser Stelle die Rolle, die der Begriff des Reichtums innerhalb der Gesellschaft immer schon gespielt hat, heran, ist es keineswegs falsch oder übertrieben davon auszugehen, dass sich etwaige Machtpositionen innerhalb der sozialen Umgebung erst dadurch prägen. Es sei denn, das Individuum erkennt relativ schnell die Möglichkeit einer balancierten Symbiose und lässt sich nicht bei der Struktur seiner sozialen Hypostase von einem *Plasma* beeinflussen. In diesem Fall würde sich die Behauptung von Hobbes, dass der

---

94 DUDEN, Das große Fremdwörterbuch, S. 744-745: „konsumieren: das für die Konsum-gesellschaft charakteristische Konsumverhalten zeigen, alles kaufen, haben, besitzen wollen, es aber schon nach kurzer Zeit wegwerfen."

95 Smith, Vorlesungen über Rechts- und Staatswissenschaften, S. 180 ff.

96 Vgl. Kap. 2.1.1 i.V.m. 2.1.2.

97 Marx, Kritik der Politischen Ökonomie, S. 272 ff. i.V.m. Marcuse, Der eindimensionale Mensch, S. 139-140; 159 ff.

Ausgangspunkt der bürgerlichen Gesellschaft in der gegenseitigen Furcht liegt, unglücklicherweise als richtig erweisen.[98]

Doch im Falle einer gegenseitigen Furcht, die zu einer Phobie führt und den Menschen verunsichert, würde sich das Individuum in seiner geformten Unsicherheit angegriffen fühlen und sich somit aus seiner sozialen Position heraus verteidigen.

Allerdings führt der soeben erläuterte Gedankengang auch weiter: Denn, wenn das Rechtssystem nur eine Reflektion der jeweiligen wirtschaftlichen Umstände ist, wird eine Einsatzmöglichkeit der Rechtsordnung ersichtlich, die nicht mit dem Gemeinwohl zu vereinbaren ist.

Dieser Gedanke führt allerdings zurück zu Foucault und zu seiner Disziplinargesellschaft. Denn geht man nun wirklich davon aus, dass wirtschaftliche Verhältnisse zu der Etablierung bzw. Auferlegung einer Rechtsordnung, die öffentliche Anerkennung genießt, führen können, kann dies theoretisch auch die Kontrolle des Individuums und somit des Produktionsapparats garantieren.

Die dargestellte Argumentation soll die erste oben erwähnte Alternative (Gesetz durch Macht) verkörpern und ferner eine Entstehungsgrundlage des Gesetzes innerhalb der heutigen, zivilisierten, aber vom Konsum abhängigen Gesellschaft betonen, die keinesfalls undenkbar ist. Diese Entstehungsgrundlage des Gesetzes wäre als eine Gesetzgebung zu verstehen, die allerdings von mehreren sozial relevanten Faktoren beeinflusst wird, und deren Missbrauch nicht immer einfach erkennbar sein mag. Ob man allerdings bei einem Rechtssystem von „einem Steuerungssystem, das von oben her eingesetzt wird“,[99] um sich die Machtposition zu versichern, berichten kann, bleibt noch zu untersuchen.

2.2.3 Zweite Alternative: Macht durch Gesetz?

Die zweite Alternative soll nun versuchen, eine weitere Betrachtungsweise der Entwicklung des Rechtssystems innerhalb einer sozialen Umgebung darzustellen. Angenommen, die Entstehung eines Gesetzes innerhalb einer Gesellschaft erfolge nicht als Konsequenz der Aneignung des Rechtssystems durch Umstände, die man nicht mit dem Gemeinwohl kombinieren kann.

Angenommen, es sei wirklich der Gemeinwille, der zur schriftlichen Festigung von Rechtsnormen führe. Angenommen, Hammurambi, Solon, Justinian, Rousseau und viele andere Gesetzgeber und Denker, die sich in der Geschichte

---

98 Hobbes, Leviathan, S. 97.

99 Wesel, Geschichte des Rechts, S. 47: „Recht, wird nun immer mehr von oben her bestimmt, vom Herrscher, vom Fürsten, vom König. Im wesentlichen wird es nun ein Steuerungssystem, das von oben her eingesetzt wird“.

für die Entwicklung des Rechtssystems eingesetzt haben, haben wirklich dazu beigetragen, dass sich der Mensch sozialpolitisch emanzipiere. Er schaffte die Sklaverei ab, die einen dunklen Punkt seiner Geschichte darstellt. Er erfand neue Technologien und setzte sie für sein Wohl ein. Er entwickelte sich überwiegend sozial, wie es ihm seine Natur vorschreibt, nämlich dem Gemeinwillen nach. Keine Menschen wären je für Macht, Reichtum und Eigennutz gestorben. Und in diesem Staat existierte keine Armut, denn der Reichtum würde gerecht, nach dem Gemeinwohl verteilt.

Das wiederum bedeutet allerdings, dass sich der Mensch in einer sehr stabilen psychischen Situation heute befinden müsste; die sozialen Umstände beinahe idyllisch seien und der Mensch seine Erkenntnis immer mehr entwickeln müsste; der Altruismus müsste die allgemein anerkannte Religion sein und der Mensch würde seine vorübergehende Existenz genießen (sic!).

Diese Beschreibung scheint auf die heutige Gesellschaft allerdings wohl kaum zuzutreffen. Kriege, Armut, radikale soziale Umstände sind die einschlägigen Merkmale der menschlichen Gesellschaft. Also haben Eigennutz, Reichtum und Macht letztendlich eine erheblich wichtige Rolle in der sozialpolitischen Entwicklung gespielt.

Wie auch Foucault treffend darlegt, sei die Differenzierung der Menschen innerhalb der Gesellschaft so extrem durch die wirtschaftliche Differenzierung geprägt, dass man jede Entwicklung leider nur als Konsequenz eines vollständig und gegenseitig abhängigen Wertgefüges betrachten und somit im Sinne Luhmanns schließlich systemtheoretisch begründen könne.[100] In der Tat kann nicht ausgeschlossen werden, dass diese intensive wirtschaftliche Differenzierung ein gewisses Maß an radikalem Verhalten innerhalb der Gesellschaft provozieren kann.

Um hier auf der Ebene der wissenschaftlichen Analyse zu bleiben und nicht auf leere Hypothesen zurückgreifen zu müssen, werden sozialpsychologische Forschungsergebnisse herangezogen. Grund dafür ist, dass sich das Gebiet der Sozialpsychologie mit dem menschlichen Verhalten innerhalb einer sozialen Umgebung weitgehend beschäftigt hat und hier von Vorteil sein kann.

Wissenschaftliche Analysen haben nämlich bewiesen, dass die sozialen Gruppen, in denen sich ein Individuum befindet und in denen wechselseitiger Einfluss vorhanden ist, die soziale Einstellung des Individuums beeinflussen.[101] Demzufolge kann von einem Individuum, das sich in einer sozialen Gruppe (a) befindet, ein Verhalten, das von dieser Gruppe (a) geprägt ist, erwartet werden.

---

[100] Foucault, S. 99 ff. i.V.m. Luhmann, Die soziologische Beobachtung des Rechts, S. 24-28; ders. Soziologie als Theorie sozialer Systeme, in: Kölner Zeitschrift für Soziologie und Sozialpsychologie, H. 19, 1967, S. 615-644 (617-619).

[101] Köhler, Sozialpsychologie, in: Steckbrief der Psychologie, Heidelberg 1974, S. 138 ff. (150).

Die Merkmale der sozialen Gruppe werden somit im Verhalten des Individuums widergespiegelt. Um vielleicht präziser eine reale Dimension wahrzunehmen, stelle man sich folgende These vor: Wenn das Individuum sich ungerecht behandelt fühlt, weil es eine starke soziale Differenzierung in seinem sozialen Umfeld wahrnimmt, wird es sich wahrscheinlich dagegen wehren. Vielleicht sogar mit Aggressivität.

Doch in einem organisierten Rechtsstaat, mit einer Rechtsordnung die erhalten werden soll, weil ihm die Autorität einer Rechtsordnung Durchsetzungskraft und soziale Anerkennung zur Verfügung stellt, kann ein radikales Verhalten nicht akzeptiert werden. Wenn das vorgeschriebene, sozial ethische Verhalten einen Status aufweist, der keine Aggressivität toleriert, ist schon die Definition des *abweichenden Verhaltens* gegeben. Ein Rechtsstaat, der die Rechtssicherheit zum Ziel hat, wird unter diesen Umständen wahrscheinlich eingreifen müssen.

Mittels der eher literarischen Darstellung am Anfang des Kapitels kann an dieser Stelle die zentrale Bedeutung der Wirtschaft im Laufe der menschlichen Zivilisation klarer vor Augen gebracht werden. Foucault stützt seine Annahme, dass das Kriminaljustizsystem im Mittelalter vom Staat beeinflusst und dementsprechend mit gestaltet wurde, gerade auf diese zentrale Bedeutung, die der Wirtschaft innerhalb der sozialen Umgebung zukam.[102]

Denn etwaige rechtliche Perspektiven verändern sich genau auf dieser Grundlage. Während man nämlich anfangs auf die Differenzierung zwischen Recht und Unrecht fixiert ist,[103] und anschließend dem schriftlichen Gesetz Autorität zuschreibt, und zwar in dem Maße, dass es als höherrangig selbst gegenüber dem Objekt, das eigentlich beschützt werden soll, entsteht der Begriff des Gesetzesverstoß, der schließlich auch unabhängig von seinem Inhalt einen Anspruch auf Durchsetzungskraft – und somit auch Geltung erhebt.[104] Wird nun an dieser Stelle der Aspekt herangezogen, dass die Idee des Gesetzesverstoßes laut Foucault durch die Initiative autoritärer Personen der Gesellschaft entstand, wird ersichtlich, dass der Verstoß gegen das Gesetz und somit das ursprüngliche Unrecht, das mit dem Verstoß begangen werden konnte, nunmehr als Verstoß gegen die Anordnungen einer Obrigkeit zu deuten ist.

Der Gesetzesverstoß, schreibt Foucault, ist „kein Unrecht, das eine einzelne Person einer anderen antut, sondern ein Verstoß des einzelnen gegenüber der Ordnung, dem Staat, dem Gesetz, der Gesellschaft gegenüber der Herrschaft und dem Herrscher“.[105]

---

102 Foucault, S. 78 ff.

103 Falls es realistisch irgendwann mal der Fall war und es nicht nur Philosophen waren, die sich darüber Gedanken gemacht haben.

104 Foucault, S. 65 ff.

105 Foucault, S. 66.

Fraglich bleibt, wie objektiv nunmehr unter diesen Umständen der Verfasser eines Gesetzes einerseits sein kann und andererseits sein sollte.

Folgt man den Darstellungen Foucaults, existiert ein historischer Wendepunkt, an dem dieses Dilemma ansetzt. Er datiert diesen Wendepunkt in die Zeit der Aufklärung der Reformer (Beccaria, Rousseau) und der ganzen Periode beginnend vom 11. Jh. bis hin zum späten Mittelalter (16./17. Jh.).[106]

Betrachtet man allerdings diese Geschichte Europas – um sich zumindest an dieser Stelle territorial einzugrenzen – scheint das von Foucault aufgegriffene Zeitalter nur einen Ausbruch verursacht zu haben. Dabei lässt sich die christliche Religion als besonders ausschlaggebender Aspekt herausfiltern, da er die menschliche Denkweise ohne Zweifel mit einer gewissen Dosis an Konservativismus ausgestattet hat. Allerdings geschah dies nicht erst im 11. Jh..

Viel mehr kann hier behauptet werden, dass es eine lange Tradition der Unwissenheit gewesen sein könnte, die ihren Höhepunkt im Mittelalter fand, und durch die Etablierung bzw. Institutionalisierung eines Systems zur sozialen Sicherheit mittels einer Gesetzgebung, die den Gesetzesverstoß mit Unrecht gleichsetzt, zum Ausdruck kam. Das Begriffspaar *gesetzeskonform und gesetzeswidrig* konnte somit das Dilemma bei der Definition von *Recht und Unrecht* unproblematisch begleichen.

Doch dieser Aspekt kann in der Tat hier weitergedacht werden: Angenommen, es handelte sich bei der oben geschilderten Entwicklung, um einen zwar unbewussten aber zweck- oder zielorientierten Versuch die *Erfahrung* von Recht und Unrecht in einem sozial wichtigen Faktor zu verwandeln. Einen Faktor, der auf sozialer Ebene durch die Sicherung seiner Durchsetzung in Form einer geltenden Norm, das Zusammenleben der Individuen *positiv* lenken sollte. Welche Konsequenz wäre zu erwarten, wenn bei diesem Versuch das Dilemma zwischen Recht und Unrecht zu begleichen, dieses Konstrukt, das wegen seines normativen Gehaltes Beständigkeit aufweist, und im Rahmen eines Gesetzgebungsverfahrens den Träger der Erfahrung von Recht und Unrecht darstellt, eine eigenständige Autorität zugeschrieben werden würde. Als amüsante Analogie könnte hier der Begriff des Wertpapiers erwähnt werden. Der Wert besteht im Rechtsanspruch, den das Papier integriert. Die Möglichkeit sich statt auf den Rechtsanspruch auf das Wertpapier an sich zu konzentrieren, könnte die Rechtssicherheit erschüttern, wenn diese Analogie im Falle der Gesetzesanwendung finden würde. Sie könnte sogar auf eine Unbeständigkeit des Inhalts einer Rechtsnorm deuten. Doch diese Unbeständigkeit könnte sogar gefährlich werden, wenn die Rechtsnorm ein Rechtsgut[107] beschützten soll. Im Falle eines Missbrauchs der Unbeständigkeit des Inhalts wäre das Rechtsgut nämlich schon angegriffen und somit die Rechtssicherheit verwundet.

---

[106] Foucault, S. 58 ff (66).

[107] Wird im Kap. 3.1 näher betrachtet.

Die am Anfang des Kapitels geschilderte utopische Vorstellung der Gesellschaft wäre unter den soeben erläuterten Umständen, der absoluten Autorität einer gesetzten Norm unmöglich. Stattdessen wirkt hier die Version einer Disziplinargesellschaft realer. Eine Gesellschaft, die das Individuum diszipliniert, um seine mitwirkende Funktion im ganzen Gesellschaftskörper zu versichern. Durch einen schriftlichen Kanon, der allgemeine Anerkennung genießt,[108] und dessen Inhalt man eventuell, den Umständen entsprechend, verändern kann, kann nämlich die moralkognitive Entwicklung des Individuums zweifellos beeinflusst werden.[109]

Unumstritten ist auch die Funktion des Kriminaljustizsystems nicht anders zu verstehen. Mittels der angedrohten Sanktionen wird in die Denkweise des Individuums eingegriffen. Und dieser Eingriff macht sich in lebensnahen Situationen erkennbar. Denn die Sanktionen, die das gerechte Verhalten der Individuen auslösen sollen, beziehen sich stets auf das soziale Verhalten, das ein Individuum innerhalb einer sozialen Umgebung aufweisen kann. Dieses soziale Verhalten verkörpert einen realen, alltäglichen Zustand, in dem sich die Individuen untereinander befinden, da sie mit anderen Individuen zusammenleben. Nicht ohne Grund wird die Aufgabe der Strafrechtswissenschaft in einer „Überlieferung eines kritischen Maßstabes gesehen, an dem die Realität sich messen lassen kann“.[110]

Die Realität bleibt aber eine Dimension, die unter anderem auch von sozialen Faktoren gekennzeichnet ist.[111] Fügt man sich allerdings an dieser Stelle der konstruktivistischen Grundlage jeder wahrgenommenen Realität, ist diese wiederum – insbesondere sobald man dieser eine soziale Adäquanz zuschreibt und von einer sozialen Realität berichtet – ebenfalls als Produkt derselben menschlichen Zivilisation zu verstehen. Daraus resultiert allerdings, dass man durch einen gewissen sozialen Einfluss die Wahrnehmung des Individuums lenken kann.[112]

Doch was bedeutet eigentlich einen *kritischen Maßstab* zu schaffen, an dem sich nun ein *Konstrukt* wie die Realität messen lassen soll? Fraglich bleibt insbesondere inwiefern man zur Erreichung dieses Ziels in die Wahrnehmung des Individuums eingreifen müsste, um zu versichern, dass ein solcher Maßstab innerhalb einer sozialen Gemeinschaft überhaupt funktionieren kann?

---

108 Zur allgemeinen Anerkennung einer Rechtsnorm, wird auf Papachristou, a.a.O., S. 14 ff. verwiesen. Es wird dargestellt, wieso eine Rechtsnorm allgemein anerkannt ist. Dabei wird darauf verwiesen, dass die Herkunft von einem Gewaltträger – dem Staat, die schriftliche Festigung – in einem Gesetz, die Anwesenheit einer Person, die über jemanden, durch diese Rechtsnormen richtet – Gericht, der allgemeinen Anerkennung, als Begriffsstützende Faktoren angesehen werden können.

109 Kohlberg, Die Psychologie der Moralentwicklung, Suhrkamp 1996.

110 Stratenwerth, Die Lehre von Strafzwecken, S. 211 ff.

111 Köhler, a.a.O., S. 138.

112 Köhler, a.a.O., S. 138 ff. (140).

Ohne Zweifel greift an dieser Stelle der Gedanke ein, dass das Moralverständnis des Individuums eine erheblich wichtige Rolle bei dem effektiven Einsatz eines solchen Maßstabes auf sozialer Ebene spielen müsste. Allerdings wäre diese Annahme keineswegs innovativ, da bereits Hegel das Gebiet des Strafrechts im Dienst der Bildung eines bestimmten Moralverständnisses zwischen angesehen hat.[113]

Fraglich bliebe trotzdem, wer und wie das bestimmte Moralverständnis vorschreibt und inwiefern das mittels einer Norm passieren kann. Denn um eine logische Beziehung zwischen einem Verhalten und eine konstruierte Realität aufzubauen, muss man sich zumindest auf Aussagen, die entweder als wahr oder als falsch bezeichnet werden können, stützen. Doch im welchen Masse eine Parallelität zwischen der Gültigkeit einer Norm und der Wahrheit ihrer Aussage besteht, wäre zu bezweifeln, sobald man sich nicht auf die Objektivität des Verfassers einer Norm verlassen kann.[114]

All diese Aspekte führen auch Foucault zu dem Ergebnis, dass „die Strafandrohung für bestimmte Handlungen, neben anderen Faktoren im 20. Jh. als den Menschen bildend angesehen werden kann, so dass dieser durch die Existenz von Strafnormen – sowie anderer beeinflussender Faktoren – eine Persönlichkeit entwickelt, die ihn davon abhalten, Straftatbestände zu verwirklichen“.[115]

Inwiefern sich allerdings ein derartiges Verfahren mit den allgemein anerkannten Menschenrechtsideen vereinbar sein könnte, soll an dieser frühen Stelle der vorliegenden Untersuchung nicht thematisiert werden, doch allenfalls in den Raum geworfen werden.[116]

Feststeht, dass eine derartige Funktion des Kriminaljustizsystems erhebliche Zweifel an die Glaubwürdigkeit des Inhaltes einer gesetzten Norm weckt. Jellinek hat dazu treffend angedeutet, „dass die rechtliche Beziehung zwischen Staat und Untertan nichts anderes als Machtverteilung zwischen diesen beiden Subjekten bedeutet“.[117] Dem soll als nächsten zu untersuchenden Aspekt nachgegangen werden.

---

113 Hegel, Die Philosophie des Rechts – Die Vorlesungen von 1819/20, Frankfurt a. M. 1983. §§163 ff.

114 Kelsen, Die Reine Rechtslehre in wissenschaftlicher Diskussion, S. 143 ff.: Kelsen bezweifelt die Parallelität zwischen der Gültigkeit einer Norm und der Wahrheit ihrer Aussage.

115 Foucault, S. 89 ff.

116 Dieser Aspekt erinnert an dieser Stelle der Analyse nur, dass mittlerweile Begriffe entstanden sind, die dem ganzen Ablauf neue Perspektiven öffnen. An diesem Punkt ist die Entwicklung der Menschenrechtstheorien gemeint, die im Laufe der Geschichte die menschliche Zivilisation tief geprägt haben.

117 Jellinek, Der fehlerhafte Staatsakt und seine Wirkungen, Heidelberg 1908, S. 21 ff.

2.3 Die Macht

2.3.1 Der Begriff der Macht im Zusammenhang mit der Natur

Der Begriff der Macht ist nicht einfach zu definieren. Um sich der Definition zu nähern, müsste man anfangs versuchen, alle ihre Erscheinungsformen nachzuvollziehen. Vorliegend soll allerdings nur der Begriff der Macht im Zusammenhang mit der Natur dargestellt werden, so dass sich etwaige Ausführungen darauf beschränken werden, den Bezug der Macht zur Natur aufzuzeigen.

Insbesondere gilt es hier die naturgemäße Erscheinungsform der Macht auf sozialer Ebene nachzuvollziehen, da hier die Ansicht vertreten wird, dass diese eine erhebliche Rolle bei der Entfaltung der sozialen Umgebung gespielt haben muss. Grund dafür ist, dass der Beitrag der Natur als Vorbild bei der Entwicklung der sozialen Identität des Menschen nicht geleugnet werden kann. Dennoch wird es nicht möglich sein, sich im Rahmen der vorliegenden Arbeit ausführlich mit dieser Dimension auseinander zu setzen, weil dies auf ein weites Feld führen würde, das nicht einfach observierbar ist.

Bataille schreibt in seinem Werk „Die Erotik", dass das menschliche Dasein auf Gewalt zurückgeführt werden kann. Er stützt diese These auf den Verlauf der Entstehung des menschlichen Wesens. Er sieht im Vorgang der Befruchtung der Eizelle, wenn die Samenzelle sie durchdringt, einen gewalttätigen Vorgang an sich.[118] Aus diesem Ursprung möchte er die Neigung des Menschen zur Gewalt erklären.

Wenn man die Natur aus der Perspektive dieser These betrachtet, erweisen sich alle Moleküle als kriegerische Substanzen, die übereinander herfallen. Doch fraglich ist, ob man den Begriff der Gewalt in diesem Zusammenhang einsetzen kann. Könnte man behaupten, dass die Samenzelle gegenüber der Eizelle Macht ausübt? Und wenn dem so sein sollte und man wirklich behaupten könnte, dass es sich um eine biologische Erscheinungsform der Macht im Rahmen des Befruchtungsverfahrens handelt, die die Moleküle zum Leben drängt, bleibt es fraglich, ob der Mensch auf diese Definition der Macht zurückzugreifen kann.

Das ganze Dasein scheint wirklich in seiner Existenz eine gewisse Macht zu beinhalten. Es existiert, ohne dass die Erkenntnis rational erklären kann warum, und es scheidet dahin, ohne dass wir wirklich die Möglichkeit eines Eingriffes hätten – oder es scheidet nie dahin und unsere Erkenntnis sieht sich nicht in der Lage diese Unendlichkeit wahrzunehmen.[119]

---

118 Bataille, Die Erotik, S. 55 ff.

119 An diesem Punkt, soll mit diesem Zweifel nur intensiv die Ohnmacht des Menschen, das Dasein rational wahrzunehmen, ausgedrückt werden. Zweck dieser Darstellung einer Möglichkeit nicht, mal die wahren Umstände wahrnehmen zu können, ist es, ge-

Demzufolge könnte man von der Tatsache ausgehen, dass das ganze Dasein an sich eine Erscheinungsform der Macht ist. Doch kann es auf den Begriff der Macht und der Gewalt, die das menschliche Wesen zu definieren versucht, zurückführen?

Macht ist die Befugnis zu herrschen, definiert der Mensch.[120] Diese Befugnis setzt eine autoritäre Gestalt, die sie erteilt, voraus. In der Natur ist es die Natur selbst, die die Befugnis hat, erteilt und ausführt. Es sei denn, man stellt sich eine Gottheit vor, und erwartet, von ihr die Befugnis erteilt zu bekommen.[121]

Im Zusammenhang mit der Natur kann also auf keine Befugnis zurückgegriffen werden, um den Begriff der Macht zu definieren. Wie die Naturwissenschaften immer wieder belegen, handelt es sich bei den natürlichen Vorgängen um Phänomene, die vom Menschen nur am Rande beobachtet werden können. Natürlich hat sich die Wissenschaft so weit entwickelt, dass man vielleicht heute in der Lage sein kann, ein Erdbeben vorauszusehen, das Wetter vorherzusagen, aber auch diese Informationen sind nicht immer als sicher zu betrachten.

Zudem weiß man aus der Umweltgeschichte, dass sehr viele Umweltfaktoren auf realistische Gefahren, die der Mensch zu bewältigen hat, hindeuten. So deuten z.B. Dürre und Überschwemmungen auf die mit Wasser verbundene Urgefahr hin.[122]

Diese Tatsachen belegen eigentlich, dass die Natur in einer Machtbeziehung zu allen schwächeren Wesen steht.

Die Naturzerstörungen, die der Mensch miterlebt hat und wahrscheinlich auch miterleben wird, könnten auch als Übergang von einem Ordnungszustand in einen anderen registriert werden.[123] Was wiederum bedeuten würde, dass eine gewisse Macht in der Natur existiert und zwar so weit, dass durch diese Macht der Ordnungszustand verändert werden kann.

Die dem Menschen bekannte Umwelt ist nur ein Teil der Existenz,[124] die den menschlichen Beobachtungen nach, auch als nicht beeinflussbarer Ordnungszustand betrachtet werden kann. Viele Wissenschaften versuchen den Vorgang oder Ablauf der Existenz zu analysieren, zu verstehen und zu erklären, doch der Ordnungszustand scheint nicht vollkommen identifiziert werden zu können. Fragen, die sich mit seinem *Dasein* befassen, können nur anhand observierbarer

---

nau diese These zu verdeutlichen: vieles, das vom Menschen als selbstverständlich angenommen wird, lässt sich nur sehr schwer nachvollziehen.

120 Wahrig, S. 552.

121 Dieses Argument soll nur auf die Macht, die die Kirche durch die von Gott erteilte Autorität in der menschlichen Geschichte genoss, aufmerksam gemacht werden.

122 Radkau, Natur und Macht, München, Beck 2000. S. 21ff.

123 Radkau, a.a.O., S. 33.

124 DUDEN, Das große Fremdwörterbuch, S. 425: Existenz, wird als Dasein, Vorhandensein, materielle Lebensgrundlage definiert.

Strukturen beschrieben werden (wie z.B. Phänomene wie die Schwerkraft, die wissenschaftlich nicht zu übersehen sind), ohne dass eine einheitliche Theorie dem Menschen ausreichend erklären könnte, in welchem Raum oder sogar in welcher Zeit sich das *Dasein an sich* abspielt.[125]

Dieser Ordnungszustand der Existenz sieht sogar, der menschlichen Wahrnehmung nach, *gesetzwidrig*[126] aus, weil diese absolute Form, die der Begriff Ordnungszustand verkörpert tatsächlich eine Form von Macht darstellen kann. Eine Form von Macht aber, die weder diagnostiziert noch analysiert werden kann. Auf dieser Grundlage stellt sich allerdings die Frage, ob der Mensch in diesem Sinne nur beschränkt fähig ist, über eine Art Ohnmacht einer absoluten Macht gegenüber zu diskutieren.

Viele Denker, Philosophen und Wissenschaftler sehen in dieser Ohnmacht den Drang des Menschen nach Evolution. Die Frage nach seiner Existenz, könnte das gewesen sein was Sokrates als sein *Dämon* bezeichnet hat und versucht hat zu verstehen.[127] Diese literarische Analogie des Sokrates soll eigentlich nur diese Ohnmacht des Menschen der Existenz gegenüber darstellen. Er soll hier nur dazu dienen dieselbe Ohnmacht verständlicher darzubieten, indem das Wort *Dämon*[128] das übermenschliche bezeichnet.

Wie dem auch sei, die Erscheinung der Macht in der Natur lässt sich nicht so einfach diagnostizieren. Im Gegenteil, lässt sich, wie schon angedeutet, die Ohnmacht des Menschen der Existenz gegenüber schneller feststellen. Man braucht dazu eigentlich nur den natürlichen Ablauf des menschlichen Lebens zu betrachten: kurz, vergänglich; der ganze Vorgang des Anfangs und des Endes seines Lebens lässt sich nicht beeinflussen.[129]

---

125 An dieser Stelle wird eigentlich ein rein philosophisches Gebiet angesprochen, das aber nicht geleugnet werden sollte. Dass sich der Mensch innerhalb seiner Zivilisation im Stande sah, sehr vieles mit der Hilfe seiner wissenschaftlichen Entwicklung zu analysieren, heißt nicht, dass er auch die Existenz an sich, im physikalischen, biologischen oder chemischen Sinn verstanden hat. Denn leider fehlt dem Menschen die Perspektive um die Existenz von außen zu observieren, da er sich innerhalb der Zeit und des Raums befindet und alles von innen zu analysieren versucht. Wie auch Kant in seiner „Kritik der reinen Vernunft" versucht zu erklären, hat der Mensch den Raum und die Zeit selbst benannt und definiert, doch das nur nach seiner objektiven Perspektive.

126 Damit soll hier nur betont werden, dass obwohl die Vorstellung des Menschen von einem Naturgesetz ausgeht, auch der Faktor der absoluten Unsicherheit wahrgenommen werden sollte. Demnach sollte man sich die Existenz nicht als einen Mechanismus vorstellen, der auf *Gesetze* mit Gültigkeit basiert.

127 Platon, Apologie des Sokrates, S. 65 ff.

128 Platon, Kratyl, S. 107 ff.: Das Word Dämon (δαίμον) stammt ursprünglich vom Word daimon (δαήμον), das den Philosophen bezeichnet.

129 An diesem Punkt soll der Mensch natürlich nicht als unfähig dargestellt werden. Viel mehr soll nur die Unfähigkeit den Ablauf seines Lebens, als einen sich schließenden

Durch den soeben geschilderten Gedankengang wird ersichtlich, dass der Begriff der Macht auf einer menschenbezogene Ebene zu fassen ist, der ausschließlich mit der sozialen Identität des Menschen und keinesfalls mit seiner naturbedingten Veranlagung zu tun haben kann.

Denn eine naturgemäße Erscheinungsform der Macht kann die menschliche Wahrnehmung oder Vernunft nicht begreifen. Daher kann der Mensch, so mächtig das Leben gegenüber seiner Unwissenheit auch aussehen mag, den Begriff der Macht auf dieser Ebene nicht minimalisieren, um eine dieser Erscheinungsformen der Macht an seinem Wesen festzustellen.

Allerdings könnte man hier einen anderen Gedanken fassen nämlich, dass die Erscheinung einer gewissen Machtorientierung beim menschlichen Verhalten auf sozialer Ebene sehr wohl als Resultat der soeben illustrierten Ohnmacht des Menschen gegenüber seiner eigenen Existenz verstanden werden kann.

Durch diese kurze Darstellung der Beziehung zwischen dem Begriff der Macht und der Natur, soll nur der Übergang zu der Beziehung zwischen demselben Begriff und dem menschlichen Wesen ermöglicht werden. Da der Mensch nämlich immer seiner naturbedingten Dimension verhaftet bleibt, verfolgte die gerade angestellte Reflexion das Ziel, eine Beziehung zwischen ihm und dem Ausdruck der Macht zu finden, der auf eine Naturveranlagung zurückführt.

Doch die einzige relevante Beziehung, die es zu geben scheint, ist die Ohnmacht des Menschen der ganzen Existenz gegenüber.

Fraglich ist an dieser Stelle, inwiefern diese Ohnmacht des Menschen zu der Erfindung der Macht beigetragen haben könnte. Insbesondere stellt sich hier die Frage, wie der Mensch innerhalb einer sozialen Umgebung mit dieser Ohnmacht seiner Existenz gegenüber umzugehen gelernt hat.

Allerdings wird hier keinesfalls die Veranlagung des Menschen für die Entwicklung seiner sozialen Dimension angezweifelt. Ob nun die soziale Dimension zur menschlichen Natur gehört oder nicht, haben viele Philosophen versucht zu erklären. Dennoch will sich die vorliegende Untersuchung mit der These des Aristoteles zufrieden geben und die soziale Dimension des Menschen als natürlichen Ablauf seiner Existenz, im Sinne seiner Handlungsfreiheiten, betrachten.[130] Ob es nun, wie Hobbes behauptet die gegenseitige Furcht war, die den Menschen zum sozialen Umgang zwang,[131] oder die freie Entscheidung mit den anderen Individuen zu kooperieren und dem Gemeinwohl wegen zusammenzu-

---

Kreis, zu beeinflussen betont werden. Der Verlauf dagegen, in seiner Dauer kann durchaus von ihm beeinflusst werden.

130 Aristoteles, Politik.

131 Hobbes, Leviathan, S. 97 ff.

arbeiten;[132] fest steht, dass sowohl die Furcht wie auch die Notwendigkeit einer Kooperation zur natürlichen Hypostase des menschlichen Wesens gehören.

Der Mensch entwickelte sich immer noch innerhalb einer sozialen Umgebung und nimmt seine Ohnmacht dem ganzen Ablauf der Existenz gegenüber trotzdem wahr. Diese Ohnmacht scheint nun aber zu bestimmten Phänomenen geführt zu haben, die sich mit dem Begriffspaar Ohnmacht/Macht verbinden.

Deshalb ist es angebracht zu untersuchen, wie etwaige soziale Phänomene wie etwa die Machtkämpfe, mit der Abwesenheit einer absoluten Machtposition des Menschen seinem Dasein gegenüber, interpretiert werden können.

2.3.2 Ein Versuch, den Begriff der Macht in Bezug auf die soziale Identität des Menschen, näher zu betrachten

Die im letzten Kapitel vorgestellte Ohnmacht des Menschen soll hier bei der Analyse der Entstehung der Macht eingesetzt werden.

Der Mensch lebt also in einer Umwelt, in der er sich seiner Macht – auf existenzieller Ebene – eigentlich nicht versichern kann. Die Möglichkeit, dass jedes Imperium von einer Naturkatastrophe jederzeit gefährdet ist, raubt dem Menschen in einem existenziellen Sinne jegliche Sicherheit in Bezug auf diese Herrschaft.

Um die Analyse Schritt für Schritt anzugehen, sollte man sich anfangs das Individuum selbst ansehen. Es handelt sich um ein schwaches Wesen, das irgendwann sein Dasein wahrgenommen hat. In dieser Wahrnehmung hat es sich ohne Zweifel mächtig oder gar überlegen gegenüber anderen Wesen gefühlt, welche nicht mit denselben Veranlagungen ausgestattet waren. Denn den Tieren, die sich in derselben Umwelt aufhielten, unterstellte der Mensch nicht dieselbe Art von Wahrnehmung zu besitzen.

Fraglich ist, ob genau diese Wahrnehmung gegenüber dem Tier als das erste Zeichen der Erlangung einer Machtposition für den Menschen gedeutet werden kann. Im Weiteren verstand er sich dazu, dass diese Tiere für ihn Nahrung sind und dass er sie deshalb jagen und töten kann, um von ihnen zu leben.

Allerdings stellt sich die Frage, ob man im Zusammenhang mit dem Überleben den Begriff der Macht genau so wenig einsetzen kann, wie bei dem Versuch eine naturbedingte Erscheinungsform des Begriffes zu fassen. War es nun

---

132 Jakobs, Norm, Person, Gesellschaft, S. 19 ff.

Macht, was der Mensch gegenüber dem Tier fühlte oder nur einfach pures Glück, dass er sich von freilaufenden, lebendigen Wesen ernähren konnte?[133]

Es ist nicht anzunehmen, dass sich der Mensch in einem frühen Zeitalter, als er sich jeden Tag auf die Suche nach seiner Nahrung machen musste, in irgendeiner Art und Weise Gedanken um die Herrschaft gemacht hat. Denn es handelt sich nicht um eine Herrschsucht, die ihn zum Töten und zum Jagen zwang, sondern um den reinen Überlebensinstinkt.

Demzufolge kann auch beim Menschen in seiner natürlichen Dimension keine Veranlagung für ein Verhalten, das zur Herrschaft führt, diagnostiziert werden. Man könnte dieselbe These vertreten, wenn man die gleiche Dimension innerhalb der Beziehung zwischen Menschen betrachten würde. Es erscheint genau so ausgeschlossen, dass sich das hungernde Individuum bei seinem Versuch einem anderen Individuum, das über reichliche Nahrungsvorräte verfügt, für sich Nahrung zu entziehen, durch sein natürliches Machtgefühl getrieben wird. Es handelt sich wieder nur um seinen Überlebensinstinkt, dem er dabei folgt.[134]

Diese Argumentation soll an diesem Punkt mit einer Theorie der Geisteswissenschaft verknüpft werden. Es handelt sich um eine Kernaussage der sozialpsychologischen Theorie Alfred Adlers, nach der das Gefühl *des Obenseins* den Begriff der Macht verkörpert. Dieser Definition nach soll es sich um eine neurotische Erscheinung des Menschen handeln. Das Gefühl der Macht soll in diesem Sinne als die Konsequenz eines Minderwertigkeitsgefühls verstanden werden können, dass als Ursache die Unwissenheit des Menschen, die zur Unsicherheit führt (Ohnmacht), hat.[135]

Wenn man den Aspekt, dass es sich beim Machtgefühl um eine neurotische Erscheinung des Menschen handelt, mit Wesels Vermutung auf rechtshistorischer Ebene verbindet, und die ersten Machtansätze mit dem Übergang in das Patriarchat auftauchen sieht – und zwar mit der Entstehung der Begriffe Eigentum, Monogamie und Sklaverei –[136] wird hier ein Zeitpunkt der Entwicklung der sozialen Identität des Menschen ersichtlich.

Ein Zeitpunkt, an dem der Mensch anfing, ein gewisses Machtgefühl zu empfinden. Ein Machtgefühl, das auf sein Ohnmachtgefühl verweist.

In diesem Zusammenhang ist es von Bedeutung, die Art und Weise, wie dieses Machtgefühl zum Kern der sozialen Struktur wurde, zu verfolgen. Am Anfang war es das Stammesoberhaupt, dann der König und schließlich eine Regierungsform. Somit verwandelte sich das Ohnmachtgefühl des Menschen in einem

---

133 Radkau, a.a.O., S. 62 ff.: Radkau vertritt die Meinung, dass die Aufnahme der Jagd der Tiere beleget, dass der Mensch ein gewisses Maß an Macht schon gewonnen hatte.

134 Vgl. Jakobs, Norm, Person, Gesellschaft, S. 19.

135 Alfred Adlers Individualpsychologie, hrsg. v. H. L. Ansbacher und R. R. Ansbacher, München 1972, S. 119 ff.

136 Wesel, Geschichte des Rechts, S. 33.

Streben nach Evolution in Machtstrukturen und zwar in Korrespondenz zu je speziellen Formen der sozialen Fortentwicklung.

Das Individuum wurde immer mehr als Mitglied einer Gruppe anerkannt und begann sich selbst auch als Mitglied der Gruppe zu identifizieren. Einer Gruppe, die gleichzeitig eine zentrale menschliche Figur als Oberhaupt anerkannt hatte.[137]

Hiermit nähert man sich dem Aspekt, dass die soziale Struktur nach einer zentralen Regierungsquelle eingerichtet wurde, aus einer anderen Perspektive, nämlich die Perspektive, dass diese zentrale Regierungsquelle, die von einer – oder mehreren – menschlichen Figuren personifiziert werden, wegen ihrer sozialen Stellung eine gewisse Autorität besitzt.

Sobald diese autoritäre soziale Position vom Menschen als etwas, das erhalten werden muss, interpretiert wird, weil er sich so von seiner Unfähigkeit den absoluten Begriff der Macht zu definieren etwa ablenkt, unterschätzt er die Umstände, die mit dieser sozialen Position verflochten sind. Dies könnte sogar zur Naivität des Machtinhabers führen. Diese Haltung einem sozialen Instrument gegenüber, der Staatsgewalt, die zur Staatsmacht geworden ist, verwandelt dieses Machtgefühl in einem Zwang, das nicht so einfach zu kontrollieren ist. Geht man Wesels Ausführungen nach, könnte davon ausgegangen werden, dass er mit seiner Aussage, die Herrschaft sei zum Selbstzweck geworden,[138] das soeben geschilderte Verfahren gemeint sein könnte.

Betrachtet man nämlich die Herrschaft als Selbstzweck, kann es sich bei der Entstehung etwaiger Machtpositionen nur um eine Unterdrückung des Individuums handeln. Eine Unterdrückung, um die Erhaltung des Selbstzweckes sicherzustellen.

Foucault meint hierzu, dass die Macht so zum *Organ der Unterdrückung* wird.[139] Denn da es sich um eine legitimierte Macht handelt,[140] die auf einen Vertrag zwischen Regierenden und Regierten zurückgeführt wird, wird somit ein Teil des individuellen Herrschaftsrechts auf eine soziale Institution übertragen. Sobald aber die Grenzen der übertragenen Herrschaftsbefugnis überschritten werden, handelt es sich um einen Zwang dem Individuum gegenüber. Einem Zwang, der als Unterdrückung dem Individuum gegenüber ausgedrückt wird.[141]

---

137 Wesel meint, dass die erste Herrschaft, durch radikale Erscheinungen innerhalb der Verwandtschaften in den Segmentären Gesellschaften auftaucht. Vgl. Wesel, Geschichte des Rechts, S. 32 ff.

138 Wesel, Geschichte des Rechts, S. 49.

139 Foucault, Dispositive der Macht, S. 70 ff.

140 Siehe auch die Entstehung der Gesellschaft, erstes Kapitel. Dort wird ausführlich die Notwendigkeit einer zentralen Macht- oder Regierungsquelle innerhalb einer sozialen Gemeinschaft deutlich.

141 Foucault, Dispositive der Macht, S. 73.

Um an diesem Punkt die Möglichkeit zu verdeutlichen, wie ein Individuum die Grenzen bei einer Übertragung von Herrschaftsbefugnis überschreitet und zur Unterdrückung der anderen Individuen gelangt, soll hier noch einmal auf die Wissenschaft der Sozialpsychologie zurückgegriffen werden.

Durch wissenschaftliche Experimente, die sich mit der Übertragung von Macht einem Individuum dem anderen gegenüber auseinandergesetzt haben, konnte nämlich gezeigt werden, dass sich der Mensch als unkontrolliert erweist, sobald er sich in einer autoritären Machtposition befindet.[142]

Durch diese Argumentation scheint die Vermutung Foucaults über die Entstehung der Disziplinargesellschaft immer realistischer zu werden. An diesem Punkt, an dem sich nämlich wie bereits ausgeführt, das Unrecht mit dem Gesetzesverstoß vereint und letzteres nunmehr als das zu bekämpfende soziale Verhalten interpretiert wird, verbündet sich Foucaults Auffassung nach die Figur des Herrschers mit der politischen Macht. Foucault fügt diesem Gedankengang die Entstehung der Vorform des Staatsanwalts zu, der als Vertreter des Herrschers erscheint und dessen Recht er verteidigt, indem er die Wiedergutmachung des Gesetzesverstoßes im Namen des Herrschers anstrebt.[143] Da ein Gesetzesverstoß eine Opferpartei meistens voraussetzt – weil jemand einem anderen etwas antut und somit gegen ein Gesetz verstößt – stellt sich der Staatsanwalt zunächst an der Seite des Opfers und legitimiert dadurch seine Anwesenheit im gerichtlichen Verfahren, verlangt allerdings die Wiedergutmachung, nicht im Namen des Opfers, sondern im Namen des Herrschers.

Durch diese zentrale Rolle, die dem Herrscher im Rahmen der zivilrechtlichen Angelegenheiten zugeschrieben wird, sieht schließlich Foucault die Möglichkeit, die sich die zentrale Regierungsform schaffen kann, dem Individuum ein Verhalten vorzuschreiben und es im Sinne Foucaults zu disziplinieren. Die Disziplinargesellschaft sei demnach als eine soziale Gemeinschaft zu verstehen, in der einige Individuen durch die soziale Struktur, die man einst als effektiv betrachtet hatte, in eine autoritäre soziale Position gelangen. Eine Position, die durch den Begriff der Staatsgewalt zur Machtposition werd, und diese im Falle eines Missbrauches als Zwang den Individuen gegenübertreten und sie unterdrücken könne.

An dieser Stelle wird darauf hingewiesen, dass dieses Verfahren zu dem bereits dargestellten Begriff der Disziplin zurückführt.[144]

---

142 Das wissenschaftliche Experiment, auf dem hier verwiesen wird, ist das Experiment des Zimbardo. Vgl. Zimbardo/Gerrig, Psychologie, 16. aktualisierte Auflage, hrsg. von Graf/Nagler/Ricker 2004.

143 Foucault, S. 65 ff.; Vgl. Sättler, Die Entwicklung der der französischen Staatsanwaltschaft, S. 47 ff.; K. Elling, Die Einführung der Staatsanwaltschaft in Deutschland, S. 61 ff.

144 Vgl. Kap. 2.

Um die reale Dimension einer Missbrauchsmöglichkeit etwaiger sozialer Machtapparate intensiver zu umreißen, kann hier auf eine These Jakobs Bezug genommen werden. Jakobs sieht nämlich im Versuch des Menschen, einen aus einigen Individuen bestehenden Mechanismus herzustellen, der seine soziale Identität regeln soll (insbesondere durch ein organisiertes Gesetzgebungsverfahren), die erste Schwierigkeiten bei der Gestaltung einer sozialen Umgebung entstehen. Diese Schwierigkeiten zeigen sich insbesondere bei der mangelhaften Möglichkeit einen Missbrauch der Gewalt bzw. Hochheitsmacht, die diesen Personen eingeräumt wird, auszuschließen.[145]

Einerseits kann nun eine derartige Machtposition, welche bereits durch die Übertragung einzelner Kompetenzen an gewisse Individuen, die die Staatsgewalt innehaben und die die Gefahr des Missbrauchs enthält, als Regierungsform keinesfalls als stabil gewertet werden. Andererseits stellt sich die Frage inwiefern sich die Unterworfenen Individuen mit diesem Missbrauchsrisiko auseinandersetzen, bzw. inwiefern sie dieses Risiko überhaupt wahrnehmen können. Ein Aspekt, der allerdings die Entstehung einer Disziplinargesellschaft beeinflusst haben kann. Denn solange das Individuum nicht das Ausmaß etwaiger sozialer Strukturen nachvollziehen kann, fehlt ihm unausweichlich ein Stück Wissen über seine soziale Identität.

Denn trotz des Missbrauchsrisikos, welches unausweichlich bei etwaigen Regierungsformen mit einer zentralen Regierungsposition mitgedacht werden muss, wird durch das Gesetzgebungsverfahren eine Disziplinierung der einzelnen Individuen auf sozialer Ebene angestrebt, der den Individuen allerdings nicht immer bewusst wird. Doch genau dieses Moment der Disziplin lässt sich mit dem Begriff der Macht definieren.[146]

Wenn nämlich dieses Stück Wissen dem Individuum entgeht, könne nach Foucault – solange man unmerklich in die Erkenntnis des Individuums eingreift – das Wissen an sich zum Machtinstrument werden.[147]

Dieser Gedankengang erlaubt es eine Erscheinungsform der Macht innerhalb der sozialen Entwicklung des Menschen zu diagnostizieren. Insofern diese Situation innerhalb einer organisierten Staatsgewalt zustande kommt, stellt sich die Frage, wie tief dieser Einfluss durch die Ausübung der Macht überhaupt sein kann. Um wieder nach einer rechtshistorischen Quelle zu greifen und somit einer wissenschaftlichen Analyse treu zu bleiben, ist hier erneut auf Wesels Ausführungen zurückzugreifen. Seine historischen Analysen führten ihn nämlich zur Annahme, dass der Mensch durch den Gedanken der Sklaverei auf die Idee kam, diesen Herrschaftsgedanken auch innerhalb anderer Beziehungen anzuwenden. In der

---

145 Jakobs, Norm, Person, Gesellschaft, S. 24 ff.

146 Foucault, Überwachen und Strafen, S. 220 ff: „Die Disziplin *verfertigt* Individuen: sie ist die spezifische Technik einer Macht, welche die Individuen sowohl als Objekte wie als Instrumente behandelt und einsetzt".

147 Foucault, S. 27 ff.

Folge wurde dieser Gedanke auch auf das Verhältnis des Mannes zu seiner Frau und seinen Kindern ausgedehnt.[148] Diese historische Beobachtung Wesels wird auch von Foucault als Auslöser der Kräfteverhältnisse innerhalb einer Gesellschaft angesehen. Er geht sogar ein Stück weiter und erkennt in dieser Ausdehnung der Kräfteverhältnisse oder Machtbeziehungen einen positiven Faktor für die Staatsgewalt. Seines Erachtens sind diese *kleineren* Machtbeziehungen genau diejenigen, die die Staatsgewalt braucht, um ihre Macht selbstverständlich auszuüben.[149]

Der Gedanke, der dem zugrunde liegt, ist, dass durch diese Ausdehnung die Kräfteverhältnisse als selbstverständlicher betrachtet werden, denn jeder genießt in so einem Schema ein gewisses Maß an Macht in seiner kleinen sozialen Umgebung. Der Mann innerhalb der Familie, der Arbeitgeber innerhalb seines Unternehmens, der Lehrer in seiner Klasse, die Eltern über ihre Kindern.

Denkt man die soeben erläuterten Ansätze weiter, stellt sich die Frage nach dem Ausmaß der Konsequenzen etwaiger Machtpositionen auch im Rahmen der Gesetzgebungsfunktion einer Obrigkeit. Kann nämlich das Missbrauchsrisiko nicht ausgeschlossen werden, ist dieser Umstand unausweichlich beim Gesetzgebungsverfahren mitzudenken, so dass hierbei die oben erwähnte Ausdehnung der Machtbeziehungen auch auf gesetzgeberischer Ebene durchaus stattfinden kann. Fraglich bleibt hier insbesondere inwiefern sich das Gesetz und im rechtstheoretischen Sinne die Rechtsordnung im Hinblick auf die oben erläuterte Entstehungsmöglichkeit etwaiger sozialer Regeln, als Grundlage der Herrschaft erweisen könnte.

2.3.3 Dritte Alternative: Die gegenseitige Abhängigkeit der Begriffe Macht und Gesetz

Wie schon in der Einführung erwähnt wurde, war es Ziel des vorliegenden Kapitels, die gegenseitige Abhängigkeit der Begriffe Gesellschaft, Gesetz und Macht darzustellen.

Im Zusammenhang mit diesem Versuch wurden dann in den darauf folgenden Teilen die einzelnen Begriffe vorgestellt. Die Untersuchung führte schließlich zu dem Ergebnis, das in diesem Abschnitt zusammengefasst werden soll.

Während der vorangegangenen Analysen wurden zwei Alternativen vorgestellt. Es handelte sich um die Möglichkeit im Zusammenhang mit dem Gesetz, einer-

---

148 Wesel, Geschichte des Rechts, S. 33 ff.

149 Foucault, Dispositive der Macht, S. 110 ff.

seits von diesem zur Macht und andererseits von der Macht zum Gesetz gelangen zu können.[150]

Diese zwei Alternativen werden nun in einer dritten vereint, die aus den ersten zwei die gegenseitige Abhängigkeit der Begriffe Gesetz und Macht schließt.

In diesem Zusammenhang kann hier auch der Begriff der Gesellschaft miteinbezogen werden: Anfangs wurde die Entstehung der Machtpositionen innerhalb einer Gesellschaft verdeutlicht. Infolgedessen wurde die Möglichkeit eines Missbrauchs dieser Machtpositionen erläutert und somit der Verdacht, dass so ein Eingriff in der Erkenntnis des Individuums stattfinden kann, geschöpft. Durch diese Beobachtung wurde danach festgestellt, dass es überhaupt zu solchen Entwicklungen des Menschen nur innerhalb einer organisierten, sozialen Umgebung kommen kann; in einer Gesellschaft, die ein allgemein anerkanntes Rechtssystem vorzuweisen hat und mittels einer zentralen Regierungsform funktioniert.[151]

Nachdem die Gesellschaft durch diese Perspektive betrachtet wurde, stellte sie sich als abhängig, einerseits von der Gesetzgebung und andererseits von der Macht heraus.

Schließlich soll nun in diesem Teil der vorliegenden Untersuchung durch die Darstellung der dritten Alternative die gegenseitige Abhängigkeit des Gesetzes und der Macht zum Vorschein kommen. Somit soll die gegenseitige Abhängigkeit des Wertgefüges Gesellschaft, Gesetz und Macht abgeschlossen werden.

Angenommen, man kann sich durch einen schriftlichen Kanon (Gesetz) die Entstehung einer speziellen Machtposition innerhalb einer sozialen Umgebung vorstellen (erste Alternative). Angenommen, man kann sich aber auch die Situation andersrum vorstellen: und zwar, dass es durchaus möglich ist, einen schriftlichen Kanon auszunutzen, sobald man eine autoritäre Position nämlich, die des Gesetzgebers, einnimmt, um eine Machtposition auf sozialer Ebene zu erreichen (zweite Alternative).

Würde man bei dieser gegenseitig aufeinander führenden Beziehung zwischen zwei Begriffen, d. h. zwischen der Tatsache, dass man zum Gesetz durch Macht und zur Macht durch Gesetz gelangen kann, nicht ein gegenseitig abhängiges Wertgefüge feststellen können?

Dieser Aspekt kann in der Tat auch von einer anderen Perspektive betrachten werden: Es ist anzunehmen, dass diese gegenseitige Abhängigkeit auch positive Konsequenzen haben kann. Denn innerhalb der sozialen Gemeinschaft, in der sich der Mensch entwickelt und in der er sich einen *Zwang* zum Machtgefühl aufbaut, wäre durchaus auch annehmbar, dass das Rechtssystem dieses Macht-

150 Siehe Kap. 2.1.1 i.V.m. 2.1.2.

151 Hiermit soll wieder nur darauf verwiesen werden, dass es keine natürliche Veranlagung der menschlichen Natur zum Machtgefühl offensichtlich gibt. Siehe Kap. 2.3.2.

gefühl zu mäßigen versucht. Unter diesen Umständen könnte man annehmen, dass es sich beim Begriff der Macht um etwas handelt, das sich parallel zu den sozialen Verhältnissen entwickelt, aber sie nicht beeinflusst. Das bedeutet wiederum, dass man einen Ansatzpunkt der Macht außerhalb der sozialen Umstände suchen müsste. Fraglich bleibt, welcher Ansatzpunkt das sein könnte.

Befasst man sich mit dem utopischen Staat Platos könnte man meinen, dass er Wirklichkeit geworden ist. Man könnte meinen, dass die nach Platon beste Voraussetzung für eine gerechte Gesellschaft existiert und wir uns in diesem utopischen Staat befinden. In diesem Staat müssten nach Plato die Herrscher nicht Politiker sondern Philosophen sein, da nach Platos Ansicht nur so vermieden werden könne, dass die Gewaltinhaber abhängig von ihrer Machtposition werden, weil sie die absolute Wahrnehmung erreicht hätten und sich nicht von kleinbürgerlichen Faktoren beeinflussen ließen. Platon behauptet, dass nur unter diesen Umständen der Herrscher gerecht regieren könne.[152] Allerdings ist es wohl auszuschließen, dass wir uns in einem von Philosophen regierten Staat befinden. Auch hat sich die Interpretation des Philosophen seit Platon verändert, so dass hier keine Parallele gezogen werden kann.

Vielmehr scheint die Ansicht Foucaults realiter zu sein. Dieser interpretiert nämlich den Begriff der Macht nicht als etwas, das jemand einfach besitzt oder nicht, sondern als etwas, das sich aus einzelnen Episoden, die jeweils in ihr Geschichtsnetz verflochten sind, entfaltet.[153]

Wie dem auch sei, kann der Begriff der Macht und somit auch ein sozial reales Moment der Macht nicht außerhalb einer sozialen Umgebung definiert werden, was zu der Schlussfolgerung führt, dass sich etwaige Machtpositionen mit etwaigen Gesetzgebungsverfahren in einer gegenseitig abhängigen Beziehung befinden.

Dennoch sollte an diesem Punkt erwähnt werden, dass es sich bei der sozialen Erscheinungsform der Macht nicht um ein Merkmal der sozialen Identität des Menschen handelt. Wie schon erwähnt, ergibt sich die soziale Identität aus der Entwicklung, die der Mensch seiner Natur nach gefolgt ist. Doch die Tatsache, dass er sich innerhalb der sozialen Umgebung, die er sich selbst baut, entschließt spezielle Machtpositionen zu ergreifen, kann indes nicht als Konsequenz seiner sozialen Identität betrachtet werden. Vielmehr scheint es sich um eine spezielle soziale Struktur zu handeln, die der Mensch befolgt.

Die Entscheidung für diese konkrete soziale Struktur weist zwar auf einen Teil des sozialen Bewusstseins des Individuums hin, welches auf der Etablierung konkreter Machtpositionen fußt, kann aber keinesfalls als die einzige Erscheinungsform des gesamten sozialen Bewusstseins des Menschen verstanden werden. Allerdings kann auch nicht bezweifelt werden, dass dieser Teil des sozialen

---

[152] Platon, Der Staat, Buch 8, S. 45 ff.

[153] Foucault, Überwachen und Strafen, S. 38 ff.

Bewusstsein, der sich durch die Entstehung etwaiger Machtpositionen einen Vorteil für manche im Gegensatz zu anderen Individuen verspricht, ebenfalls auf eine konkrete Dimension der Erkenntnis des Individuums fußt. Diese Erkenntnis gründet auf der Idee sich selbst zu bewahren und gegebenenfalls durchzusetzen, um zu überleben.[154]

Trotzdem handelt es sich bei diesem Ausdruck der Erkenntnis des Individuums nicht um den einzig möglichen, der seinem sozialen Bewusstsein zugrunde liegt.

Schölderie meint in seinem Werk „Das Prinzip der Macht", dass Hobbes genau an diesem Punkt der Erkenntnis und der Ideen, die man als denkendes Wesen jedes Mal wahrnehmen kann, den Begriff der Macht versucht zu definieren. Gleichzeitig stellt er Hobbes Aristoteles gegenüber.

Hobbes ist nämlich davon überzeugt, dass der Mensch ein *höchstes Gut,* als absolutes Ziel verstanden, nicht erreichen kann und dass dieses Ziel nach einem *höchsten Gut* zu streben nichts anderes, als seinen Trieb nach Macht verkörpert; Während Aristoteles meint, den Begriff der Glückseligkeit definieren zu können, den Zustand der Glückseligkeit zum selbstständigen Ziel des Menschen erhebt und dieses dann in der sozialen Entwicklung (*zoon politikon*) des Menschen ansetzt.[155] Geht man nun davon aus, dass den Trieben des Menschen sehr wohl eine wichtige Rolle bei der sozialen Entfaltung desselben zuzuschreiben ist, kann gleichzeitig unterstellt werden, dass dies nur eine mögliche Entwicklung sein kann, während eine andere über die Triebe hinwegsieht und die soziale Entfaltung des Menschen an einem anderen Punkt als erfüllt ansieht, nämlich seines Wohlbefindens.

In Folge dessen sollte die Erscheinungsform der Macht nicht als Merkmal der sozialen Identität des Menschen an sich, sondern als Konsequenz einer bestimmten Erkenntnisform, die sich innerhalb einer sozialen Umgebung gebildet hat, verstanden werden.

Geht man allerdings davon aus, dass nun die erste Form der sozialen Entwicklung, welche auf die Durchsetzung einzelner Vorteile und somit die Entstehung etwaiger Machtpositionen fußt, unsere soziale Struktur historisch geprägt hat, kann das Moment der Entstehung eines schriftlichen Gesetzes als ausschlaggebend für dessen Durchsetzung angesehen werden,[156] was allerdings die gegenseitige Abhängigkeit des Wertgefüges Gesellschaft, Gesetz und Macht, erneut belegt.

---

154 Vgl. Marcuse, Der eindimensionale Mensch, S. 139-140; 159 ff.

155 Schölderie, Das Prinzip der Macht, S. 48 ff.

156 Siehe Kap. 2.1.1.

3 Die juristische Dimension der dogmatischen Darstellung von Gesellschaft, Gesetz und Macht

Im ersten Teil dieser Arbeit wurde der Versuch, die gegenseitige Abhängigkeit der Begriffe Gesellschaft, Gesetz und Macht anhand ihrer Definition darzustellen, gewagt. Es wurde ersichtlich, dass die sozialen Umstände, die Art und Weise, in der die Gesetze entstehen, beeinflussen. Ferner ergab diese Gegenüberstellung von Gesellschaft, Gesetz und Macht, dass die Machtbeziehungen, die innerhalb derselben sozialen Umstände zustande kommen, ebenfalls ihren Beitrag zu der Entstehung einer Rechtsordnung leisten können.

Im folgenden Teil soll die Entwicklung dieser Begriffe auf rechtsdogmatischer Ebene nun analysiert werden d.h. dass die Gesellschaft als Rechtsstaat, das Gesetz als Rechtsnorm und die Macht als Staatsgewalt dargestellt werden sollen. Allerdings wird dazu ein konkreter Weg eingeschlagen werden, der sich die Darstellung der oben genannten rechtsdogmatischen Begriffe durch die Auseinandersetzung mit den Begriffen des Rechtsgutes und des Rechtsgutträgers verspricht. Grund für diese Herangehensweise ist, dass der Begriff des Rechtsgutes es erlaubt, den anthropozentrischen Charakter bei der Analyse der soeben erwähnten Begriffe beizubehalten. Denn wie sich aus der Analyse ergeben wird, handelt es sich beim Rechtsgut um einen Begriff, der die vom Menschen anerkannten Güter darstellt und sie somit innerhalb einer Rechtsordnung gewährleisten möchte. Es wird anhand des Rechtsguts angestrebt, den Ablauf der Gesetzgebung zu verfolgen, um die Beziehung, zwischen Gesellschaft und Rechtsstaat, Rechtsgutträger und Individuum und Macht und Staatsgewalt zu untersuchen.

Diese Darbietung soll also nur zu dem Vorgang, durch den eine Rechtsnorm zustande kommt, gelangen. Erst auf dieser Grundlage kann die These die Gesetzgebung als Herrschaftstechnik zu bezeichnen, entweder bestätigt oder widerlegt werden.

Denn die Begriffe der Gesellschaft, des Gesetzes und der Macht mögen diese Wertvorstellungen sein, die die soziale Identität des Menschen einerseits offensichtlich beeinflusst und andererseits letztendlich geregelt haben. Doch seit den ersten Erscheinungsformen dieser Begriffe befindet sich die Zivilisation in einem anderen Zeitalter; einem Zeitalter, in dem man über internationale Beziehungen spricht, im Sinne der staatlichen Kooperation, die natürlich in einer anthropozentrischen Gesellschaft zum Individuum führen muss. Institutionen und Prozesse wie Vereinte Nationen, Globalisierung, Europäische Union sind es nunmehr, die das Leben der Individuen regeln.

Demzufolge müsste man die juristische Dimension, die diese drei Begriffe verkörpern auch auf dieser Ebene verfolgen, um irgendeiner Vermutung der Entstehung einer möglichen Disziplinargesellschaft nachgehen zu können. Ohne eine Annäherung dieser Art, scheint Foucault innerhalb der historischen Umstände keine logisch argumentierte These zu äußern, weil die rechtsdogmatischen Aspekte fehlen. Doch ohne diese reale Basis, die einen großen Teil der menschlichen Zivilisation ausmacht, nämlich einen Teil der Entwicklung seiner sozialen Identität, ist man in dem Versuch einer derartigen These nachzugehen, wissenschaftlich gelähmt.

An diesem Punkt sollte vielleicht erwähnt werden, dass es sich bei den Ausführungen Foucaults über die Disziplinargesellschaft nicht um eine juristische oder sogar eine rechtsdogmatische Analyse handelt. Aus diesem Grund liegen dem Werk Foucaults keine juristische oder gar rechtsdogmatische Argumentationen zugrunde. Obwohl natürlich sein Beitrag genügend Anregungen für weiterreichende Erwägungen juristischer Art verursacht hat.

Als denkender Jurist, kann man nämlich einem Denker wie Foucault, für seine Ausführungen nur danken, da jeder Zweifel der menschlichen Evolution die Geschichte immer ein Stück weitergebracht hat. Diese Arbeit versucht somit, die Möglichkeit der Entstehung einer Disziplinargesellschaft auf einer realen Ebene zu überprüfen.

Schon das bereits vorangegangene Resultat bezüglich der gegenseitigen Abhängigkeit der Begriffe Gesellschaft, Gesetz und Macht lässt vermuten, dass der anthropozentrische Charakter in der heutigen Gesellschaft nachgelassen haben könnte. Doch solange man die juristische Dimension nicht wirklich untersucht, kann man in einem demokratischen Staat solche Thesen nicht ohne Weiteres vertreten.

Deshalb soll im folgenden Teil dieser Arbeit eine Analyse der Begriffe, welche die Gesellschaft und ihre Gesetze sowie ihre Machtverhältnisse stützen, vorgenommen werden.

3.1 Das Rechtsgut als dogmatisches Korrelat des Rechtsstaates

3.1.1 Der historische Hintergrund des Rechtsgutbegriffs

Nachdem die Relation zwischen Gesellschaft, Gesetz und Macht ihre gegenseitige Abhängigkeit als Wertgefüge gezeigt hat, wird im Folgenden der systematische Aufbau, dem der Mensch bei der Entwicklung seiner sozialen Identität gefolgt ist, dargestellt.

Denn, nachdem gezeigt wurde, dass der Mensch es historisch gesehen, als seine Notwendigkeit betrachtete, eine soziale Umgebung für sich aufzubauen, musste er schließlich eine Struktur entwickeln, die es ihm erlauben würde, die Entwicklung seiner sozialen Identität zu kontrollieren. Wie schon im Kapitel der

Macht dargestellt wurde, handelt es sich um einen Drang/Zwang des Menschen seine Umgebung kontrollieren zu können.

Durch historische Entwicklungen wurde seine Erkenntnis auf immer neuere Gebiete gesteuert, die seine soziale Identität stark beeinflusst haben. Aus diesem Grund musste er sich selbst die Entstehung der Gesetze erklären, um sie weiterhin als Hilfsmittel bei der Herstellung einer gewissen Stabilität der Gesellschaft einsetzen zu können. Wie schon angedeutet, waren es anfangs die Herrscher, die Stammesoberhaupte, deren Aufgabe es war, das rechtliche System aufzubauen. Doch da sich der Mensch durch die Jahrhunderte intellektuell weiterentwickelte und das nicht der einzige Punkt seiner Evolution war, beschäftigten sich im Laufe der Zeit denkende Menschen mit diesem System, das ihr Verhalten innerhalb einer sozialen Gemeinschaft regeln sollte.

Somit entstanden wissenschaftliche Richtungen, die die praktische Funktion der Gesetze erforschten. Allerdings wird hier nicht die Entstehung etwaiger sozialer Phänomene, welche zur Entstehung der Idee des Rechts geführt haben könnten zurückverfolgt werden können, da dieses Vorhaben den Rahmen der vorliegenden Untersuchung unausweichlich sprengen würde. Insbesondere wird hier bereits in mittelalterlicher Zeit angesetzt, da die These Foucaults, welche hier untersucht wird, ihre Geburt auch in dieser Zeit hat. Deshalb wird direkt über die Veränderungen und Entwicklungen der rechtlichen Aspekte zu der o.g. Zeit berichtet. Solche wissenschaftlich/philosophischen Veränderungen sollen es nämlich gewesen sein, die die Reformer dazu brachten, über einen Gesellschaftsvertrag zu sprechen, der den Aufbau der sozialen Struktur erläutern sollte. Die Aufklärung über das Individuum sollte gleichzeitig den Leitfaden für diesen Vorgang bieten. Doch könnte das als der erste Schritt zum Positivismus angesehen werden?[157]

Nachdem man sich also ein *Wohlfahrtsziel* für das Gesetz vorstellen konnte und auf die Vernunft des Menschen plädierte, anerkannte man das Gesetz als leitende Funktion der sozialen Identität des Individuums.

Man entschied sich dazu, durch das Gesetz eine gerechte und balancierte soziale Umgebung zu gestalten. Dabei war es zu erwarten, dass man sich gezwungen sehen würde, sich mit diesem Verhalten der Mitglieder der sozialen Umgebung zu beschäftigen, das in einer gewissen Art und Weise schädlich sein könnte. Man nannte es das Abweichende Verhalten.[158] Auch das große Interesse der Rechtstheorie an der Strafrechtswissenschaft fußt ohne Zweifel auf der Auseinandersetzung mit dem abweichenden Verhalten. Allerdings kann nicht von ei-

---

157 Es wird im Weiteren erwähnt und erklärt, warum diese Information an dieser Stelle angedeutet wird.

158 Ein Begriff, der erst in den 70er Jahren des 20. Jh. offiziell eingeführt wurde. Es wird an diesem Punkt nur parallel erwähnt, um zu zeigen wohin die Verbrechenslehre geführt hat.

nem liberalen Einsatz des Kriminaljustizsystems zu jeder Zeit – besonders am Anfang seiner Entstehung berichtet werden.

Foucault ist sich beispielsweise sicher, dass es auf die Dauer nicht ausreiche nur mit Strafandrohung das Verhalten der Bürger in eine gewisse, *gerechte* Richtung steuern zu wollen.[159] Hassemer erklärt dieselbe These, indem er von einer anderen Perspektive aus betrachtet, die Ethisierung des Strafrechts abzuwenden versucht. Er behauptet, dass das Strafrecht allein durch Strafandrohung nicht in der Lage sei, sozialethische Gesinnungswerte zu formen und somit das Abweichende Verhalten auszuschließen. „Andere Faktoren wie Erziehung in der Familie, Darstellung von Verbrechen in Massenmedien usw. spielen auch eine sehr große Rolle“.[160]

Die Frage „was möchte das Gesetz überhaupt beschützen“ war es, die den Rechtsphilosophen der Epoche, die der Aufklärung folgte, zu einer Exegese eines plausiblen Verbrechensobjekts führen vermochte.[161]

Allerdings darf nicht der Beitrag des Bürgertums zu dieser Entwicklung des Kriminaljustizsystems und etwaigen ihm zugrundeliegenden theoretischen Unterbettungsversuchen unterschätzt werden. Die teilweise unmenschlichen Verhältnisse unter denen der Strafvollzug in mittelalterlicher Zeit stattfand, löste nämlich unter den Bürgern selbst ein Notwendigkeitsgefühl aus, welches nicht selten zu sozialen Aufständen führte.

Der Unterschied, den man in der Antike zwischen Recht und Unrecht wahrgenommen hatte, erwies sich mit der Entwicklung der Zivilisation als uneffizient um eine gesellschaftliche Ordnung zu garantieren.[162] Die Entwicklung der Gesellschaft in einen aus wirtschaftlichen Kalkülen bestehenden Ordnungsapparat und die gleichzeitige Untermauerung dieser Kalküle mit Begriffen, welchen eine große Bedeutung zugesprochen wurde, wie etwa dem Begriff des Eigentums, haben den Zwang des Menschen nach Macht in eine spezielle Richtung getrieben.[163] Denn plötzlich wurde die Wahrscheinlichkeit, sein Hab und Gut zu verlieren, realer. Während nämlich in den archaischen Zivilisationen, die unterste Schicht der Gesellschaft die Sklaven waren, welche als *res* (= Sache) bezeichnet und behandelt wurden, was dazu führte, dass die Mehrheit in diesen frühen Gesellschaften keinen Einfluss auf institutionelle Einrichtungen innerhalb der organisierten Gesellschaft hatten; veränderte sich die Lage sobald die Sklaven entschwand und nur noch eine unterste soziale Schicht der Bevölkerung aufge-

---

159 Foucault Überwachen und Strafen, S. 99 ff.

160 Hassemer, Theorie und Soziologie des Verbrechens, Frankfurt a. M 1973, S. 116 ff.

161 Vgl. Sina, Die Dogmengeschichte des strafrechtlichen Begriffs „Rechtsgut“, S. 8 ff.

162 Siehe auch Kap. 2.1.1 i.V.m. 2.1.2.

163 An dieser Stelle wird um weitere Wiederholungen zu vermeiden auf Kap. 2.3 verwiesen, wo die Beziehung zwischen Macht und Ohnmacht erklärt wird und die Entstehung eines psychologischen Zwangs beim Individuum festgestellt wird.

zählt wurde, die allerdings zum Bürgertum gehörte, erschien es erneut angebracht, das Eigentum vor widerrechtlichen Eingriffen zu beschützen.[164]

Es braucht nicht weiter ausgeführt zu werden, warum unter diesen Umständen und im Rahmen derartiger Gesellschaften, in denen die Mehrheit der Bevölkerung die wenigsten Güter besaßen, das Begriffspaar Recht-Unrecht nicht mehr effektiv als maßgebendes Kriterium für die Begründung der Strafbarkeit eines Verhaltens einsetzen konnte, insbesondere unter dem Gesichtspunkt, dass die Armut der Mehrheit bereits ein gewisses Unrecht an sich darstellte.

Unter diesen Umständen leuchtet auch Foucaults These, dass der Feudalismus „den Begriff des Gesetzesverstoßes gebar" ein.[165] Denn ein System, das die soziale, autoritäre Position anhand des Eigentums misst, kann sich keineswegs dem Begriffspaar Recht und Unrecht Zwecks seiner Etablierung bedienen. Vielmehr benötigt ein rein materialistisch orientiertes Ordnungssystem eine ebenso pragmatische Grundlage, die sich nicht auf einen Bewertungsmaßstab berufen muss, um seine Durchsetzungsfähigkeit zu gewährleisten, sondern sich eher auf rein technische Gegebenheiten dabei beziehen kann. Als so ein Begriffspaar entlarvte sich anstelle von Recht und Unrecht, das der Gesetzmäßigkeit und der Gesetzwidrigkeit.

Die Begriffe Recht und Unrecht wurden allmählich in den Hintergrund geschoben und die Rechtstheorie begab sich auf die Suche nach Argumenten, die weniger mit der Differenzierung zwischen *recht* und *unrecht* zu tun haben sollten. Diese Richtung, die dazu eingeschlagen wurde, ist im Begriff des so genannten Positivismus wiederzufinden.[166]

Der Positivismus wurde zunehmend als Ansatztheorie mehrerer Wissenschaften eingesetzt, und auf dem Gebiet der Rechtswissenschaft durch die Entstehung des Positiven Rechts gekennzeichnet. Dieses Ziel sich anhand eines positiv gesetzten Normgefüges die Stabilität in der Gesellschaft zu garantieren, führte unausweichlich über eine genauere Definition der Rechtsbegrifflichkeiten, so dass die Legitimation eines Strafvollzugs durch ebenso von positiven Begriffen unter-

164 Siehe Fn. 140.

165 Foucault, S. 58 ff.

166 WAHRIG, Deutsches Wörterbuch, S. 991: „Positivismus : philosophische Lehre, die nur auf dem Gegebenen, Tatsächlichen, dem Positiven beruht"; Lexikon der –Ismus, hrsg. von Diamantidis, Athen 2003, S. 109: Der Begriff des Positivismus entstand von August Comte, der sich bei seinen Analysen nur auf positive Tatsachen beruhen wollte. Dazu kam noch die Theorie Anne Robert- Jaques Turgot, dass die menschliche Erkenntnis drei Phasen aufzuweisen hat: die theologische Phase, in der sich der Mensch die Phänomene anhand von Dämonen und Göttern versucht hat zu erklären, die metaphysische, wo man von Ideen, Kräften und abstrakten Phänomenen eine Erklärung erwartete und schließlich die dritte Phase des Positivismus, die als Zeitalter der Wissenschaft verstanden wird und in der man die Analyse der ursprünglichen Gründe der Phänomene zurückließ um sich weitgehend mit der Beziehung der Phänomene untereinander auseinanderzusetzen und diesen Vorgang empirisch angehen wollte.

mauert werden konnte. Doch, da man die Begriffe Recht und Unrecht nunmehr außer Gefecht gesetzt hatte, musste man die Gesetzmäßigkeit und die Gesetzwidrigkeit in der Rechtsdogmatik *positiver* erklären. Das Abweichende Verhalten, musste ein Objekt besitzen. Ein Objekt, das vom Gesetz beschützt werden würde.

Diese Wahrnehmung soll nach Peter Sina jedoch den Positivismus an diesem Punkt zum Scheitern verurteilt haben, was zum nächsten Schritt, nämlich den Versuch, den Positivismus zu mäßigen, um ein Verbrechensobjekt benennen zu können, führte. Peter Sina spricht von einer „Korrektur der Rechtsverletzungstheorie", die den Rechtsgutbegriff entstehen lassen habe.[167]

3.1.2 Die Garantie, die das Rechtsgut verkörpern sollte

Wie schon angedeutet, vermochte man in der Rechtstheorie die Entstehung des Rechtsgutbegriffs als Konsequenz der philosophischen Denkweise der Aufklärung, die Feuerbach zu einer klaren, erschöpfenden Bestimmung der einzelnen Straftaten führte, zu betrachten.[168] Roxin dagegen bemerkt, dass „es umstritten ist, ob der Begriff des Rechtsguts als dessen Schöpfer Birnbaum gilt, einen Strafbarkeitsbegrenzenden liberalen Gehalt hatte oder ob es wirklich diesen oft behaupteten Zusammenhang zwischen der Rechtsgutslehre und dem Strafrecht der Aufklärung überhaupt gegeben hat".[169]

Tatsache bleibt allerdings, dass man von der Entwicklung der Rechtsgutlehre zeitlich nur innerhalb der schon erwähnten Richtung des Positivismus berichten kann, da sie nun mal innerhalb der schon eingeschlagenen Richtung des Positivismus entstand. Aus diesem Grund können auch etwaige Versuche die positivistischen Denkansätze bei der Definition des Verbrechensobjektes zu mäßigen ausschließlich im Rahmen der bereits etablierten positivistischen Begrifflichkeiten nachvollzogen werden. Allerdings ist zu betonen, dass aus diesem Versuch die positivistische Grundlage der Definition des Verbrechensobjektes zu mäßigen, ein Paradigmenwechsel resultierte. Denn während das Verbrechensobjekt bis zu diesem Zeitpunkt ausschließlich das subjektive, positive Recht gewesen war, richtete sich die Verletzung nunmehr nicht nur gegen das Recht an sich, sondern auch eines Gutes, welches dann zu der Entwicklung des Rechtsgutes führte.[170]

---

[167] Sina, Die Dogmengeschichte des strafrechtlichen Begriffs „Rechtsgut", S. 19.
[168] Vgl. Sina, a.a.O., S. 8 ff.
[169] Roxin, AT, Bd. I, S. 11.
[170] Vgl. Sina, a.a.O., S. 25 ff.

Birnbaum beispielweise spezifiziert das Verbrechensobjekt und interpretiert es als ein Gut, welches durch das abweichende Verhalten verletzt wird. Auf dieser Grundlage definiert er sodann das Verbrechen: „Verbrechen ist nach der Natur der Sache oder als vernunftgemäß im Staate strafbar, jede dem Menschen zuzurechnende Verletzung oder Gefährdung eines durch die Strafgewalt allen gleichmäßig zu garantierendem Gutes anzusehen.“[171] Der Begriff des Gutes, den Birnbaum dabei als Verbrechensobjekt einführt, wird von der Rechtstheorie einerseits angenommen und andererseits weitergehend analysiert und interpretiert.

Der ihm folgende Binding interpretierte den Begriff Rechtsgut als „Personen, Dinge und Zustände, die nach dem Belieben des Gesetzgebers als wertvoll für die Rechtsordnung angesehen werden sollten.“[172] Und v. Liszt betrachtete die materielle Natur der Rechtsgüter als selbstverständlich. Seines Erachtens waren Rechtsgüter „Lebensbedingungen, Lebensinteressen, rechtlich geschützte Interessen.“[173]

Wie man den vorangegangenen Ausführungen entnehmen kann, handelt es sich beim Definitionsprozess des Rechtsgutes um ein schwieriges Unterfangen, so dass man sich anfangs innerhalb der Rechtstheorie nicht auf einen einstimmigen Rechtsgutsbegriff einigen konnte. Was allerdings feststand, war, dass der Rechtsgutbegriff im Zusammenhang mit dem Individuum, als eine konkretisierte Sphäre der Freiheit verstanden werden kann.[174]

Obwohl man sich aber rechtstheoretisch nicht in der Lage sah, den Begriff absolut zu definieren, übernahm die neuere Reformdiskussion die Funktion des Begriffes.[175] Um den Begriff sogar zu unterstützen, wurde die Funktion des Rechtsguts als wichtiges Element des Delikttatbestands im Strafrecht verstanden. Der Einzelne sollte somit die Fähigkeit haben sich mit bestimmten Werten identifizieren zu können.[176] Fraglich blieb bis heute, welche Werte präzise gemeint sein könnten und wie dem zu Folge die Funktion dieses Begriffs eingeschätzt werden kann.

Hassemer berichtet in diesem Zusammenhang von zwei Funktionen des Rechtsgutsbegriffs: es einerseits als Auslegungsinstrument und andererseits als Hilfsmittel dogmatischer Konstruktion einzusetzen. Beide sind seines Erachtens als dogmatisch zu bezeichnen. Er geht sogar ein Schritt weiter und nennt die

171 Siehe auch Fn. 14.

172 Sina, a.a.O., S. 45 ff.

173 Sina, a.a.O., S. 51 ff.

174 Vgl. Sina, a.a.O., S. 25 ff.

175 Roxin, a.a.O., S. 11 ff.

176 Vgl. Otto, „Rechtsgutbegriff und Delikttatbestand“, in: Strafrechtsdogmatik und Kriminalpolitik, Bd.61 (1971), S. 5 ff.

Begriffe Rechtsgut und Verbrechen dogmatische Konstrukte.[177] Auch in der Rechtstheorie wird diesbezüglich von *einem wichtigen dogmatischen Schritt,* den die Strafrechtswissenschaft im Übergang vom 18. ins 19. Jh. gemacht hat, berichtet,[178] obwohl mittlerweile sehr wohl auch die Meinung vertreten wird, dass etwaige „Rechtsgutsdefinitionen weniger mit der Erkenntnis von subjektiven Rechten und/oder von überindividuellen Gemeinschaftswerten als vielmehr mit recht banalen Interessenkonstellationen einschließlich der paradoxen Folgen komplexer politischer Strategien zu tun haben könnten".[179]

Sind Rechtsgüter als dogmatische Konstrukte zu verstehen, ist eine nähere Betrachtung des Begriffs der Dogmatik unausweichlich. Denn der Versuch die Strafbarkeit auf einen konkreten Tatbestand hin einzuschränken, was wiederum als Versuch den Positivismus zu mäßigen, verstanden wurde, ließ schließlich ein dogmatisches Konstrukt entstehen, dessen Verletzung oder Gefährdung pönalisiert werden sollte und verlieh letzten Endes diesem dogmatischen Konstrukt – dem Rechtsgut also – eine zentrale Position bei der Auslegung des Tatbestandes, welches die Strafbarkeit eines abweichenden Verhaltens rechtfertigen sollte. Aber die Bezeichnung Rechtsgutes als dogmatisches Konstrukt führt unausweichlich zum Begriff des Dogmatismus und seiner Relation zum Positivismus hin und sollte aus diesem Grunde im vorliegenden Zusammenhang ebenfalls näher betrachtet werden. Denn Dogmatismus bedeutet: „Festhalten von Dogmen; unkritisches, unselbstständiges Denken".[180]

Fasst man die Informationen zusammen, so handelt es sich beim Rechtsgut um ein Konstrukt der Rechtstheorie, das auf Glaubenssätze basiert, die allerdings unkritisch angenommen bzw. übernommen werden.

Wie auch Hassemer treffend bemerkt, „kann erst die strafrechtliche Positivierung ein vorhandenes oder gedachtes Interesse zum Rechtsgut machen".[181] Denn, um einen dogmatischen Begriff zu konstruieren, muss auf einen dogmati-

---

177 Hassemer, Theorie u. Soziologie des Verbrechens, Frankfurt a. M. 1973, S. 57-58; 131.

178 Vgl. Fn. 18.

179 Scheerer, Die Rechtsgüter und ihre Verletzung, in: Aufgeklärte Kriminalpolitik oder Kampf gegen das Böse?, Lüderssen (Hrsg.), Bd. I, Baden-Baden 1998, S. 181.

180 WAHRIG, Deutsches Wörterbuch, S. 358/359. Siehe auch A. Diamantidis, „Lexikon der –Ismus", Athen 2003, S. 76: Axiome und Glaubenssätze (Dogma) einfach als geltend zu betrachten ohne sie vorher zu beweisen oder zu begründen. Siehe auch Heinz Hübner, Rechtsdogmatik und Rechtsgeschichte, hrsg. von Klaus Luig. (Köln, Berlin, Bonn München 1997) S. 291 ff. Nachdem man die Justinianische Gesetzgebung wieder bearbeitete und sich schon im Zeitalter der Herrschaft des Christentums befand, wo das Dogma seriöser interpretierte als es die Skeptiker im Antiken Griechenland, begann man nach dem 11. Jh. auch in der Rechtstheorie die Dogmatik einzusetzen. Thomas von Aquin folgte den Spuren Augustinus und adoptierte eine Denkweise, die bis heute noch in unserer Gesellschaft präsent ist, die des dogmatischen Denkens. Siehe auch Weber-Fas, Über die Staatsgewalt, München 2000. S. 45 ff und S. 54 ff.

181 Hassemer, Theorie und Soziologie des Verbrechens, Frankfurt a. M. S. 211.

schen Ansatz Bezug genommen werden. Dieser wiederum beeinflusst den Inhalt dieses Konstruktes und somit kann man nicht leicht behaupten, dass es sich beim Rechtsgutbegriff um ein Gut, das dem Menschen teils von der Natur und teils durch seine soziale Identität zusteht, handelt und schließlich dieses vom Strafgesetz beschützen lassen.[182]

Nach all dem scheint der Begriff des Rechtsgutes immer noch zu verwirren. Obwohl durch den historischen Hintergrund behauptet werden könnte, dass man sich vom Positiven Recht soweit entfernen wollte, um die Strafbarkeit eines Verhaltens zu mäßigen, sieht es in Wirklichkeit anders aus. Positivismus und Dogmatismus sind verwandte Begriffe und somit kann man nicht bekräftigen, dass der Versuch der Rechtstheorie, den Rechtsgutbegriff zu definieren ein Versuch war, den Positivismus zu mäßigen.

Denn, wenn man sich die Bindingsche Theorie näher ansieht, kann man nicht behaupten, dass Binding sich vom Positivismus unbedingt entfernen wollte. Er identifiziert nämlich die Delikte mit einer Normverletzung. Dieser Ansatz belegt nämlich, dass sich Binding bei seiner Suche nach dem Verbrechensobjekt, immer noch in derselben Sphäre der schon eingeschlagenen positivistischen Richtung bewegt. Seines Erachtens „sollte sich in der Schale des Ungehorsams, zudem auch noch eine Gutsverletzung als Kern bergen.“ Er definiert ferner den Rechtsgutbegriff, als „alles was in den Augen des Gesetzgebers für die Rechtsordnung von Wert ist, dessen ungestörte Erhaltung er deshalb durch Normen sicherstellen muss (...) kurz alles, was außer dem Gehorsamsrechte des Staates Objekt eines deliktischen Angriffs bildet“.[183]

Alles was in den Augen des Gesetzgebers für die Rechtsordnung von Wert ist, schreibt Binding und öffnet somit beim Rechtsgutbegriff einen Einfallstor für die staatliche Willkür. Denn, wenn der Gesetzgeber alles, was von jedem Individuum als Gut bewertet wird, entscheiden muss, ergibt sich daraus eine sehr große Verantwortung der Gesetzgebung. Fraglich ist, ob die Gesetzgebung diese Verantwortung im Namen des jeden Einzelnen, überhaupt übernehmen kann und welche Risiken sich für das Individuum daraus ergeben.[184]

---

182 Vgl. Sina, a.a.O., S. 22

183 Vgl. Sina, a.a.O., S. 44 ff.

184 Das nächste Kapitel wird sich mit dieser These beschäftigen. An dieser Stelle, soll es nur angedeutet werden, um zum Individuum überzugehen, das sein Vertrauen nunmehr in diese Verantwortung des Gesetzgebers setzt.

3.1.3 Das Individuum als Rechtsgutträger

Hassemers Auffassung nach stellt das Rechtsgut in der Rechtspraxis einen fast inhaltsleeren Topos dar, der je nach dem gewünschten Entscheidungsergebnis mit dieser oder jener Bedeutung ausgefüllt werden kann.[185] Dieser Satz birgt allerdings auch für die Rechtsdogmatik gewisse Konsequenzen. Es bedeutet nämlich, dass man vor ungefähr 135 Jahren[186] einen Begriff konstruierte, um angeblich den Positivismus zu mäßigen; ihn immer wieder zu definieren versuchte, um die Strafbarkeit einzugrenzen und somit die Willkür beim Kriminaljustizsystem zu beseitigen; und letztendlich einen fast inhaltsleeren Topos geschaffen hat.

Tatsache bleibt, dass man rechtsdogmatisch nicht wirklich weitergekommen ist.[187] Trotzdem stellt sich die Frage nach dem Einfluss, den die Rechtsgutslehre schließlich aus soziologischer Sicht gehabt haben könnte. Denn, obwohl es sich um Entwicklungen im juristischen Bereich handelt, kann nicht behauptet werden, dass diese Entwicklungen keine sozialen Konsequenzen haben. Jede wissenschaftliche Entwicklung beeinflusst auch die soziale Umgebung. Umso mehr eine Entwicklung, die man wahrscheinlich im 19. Jh. in vielerlei Sicht als erlösend angesehen haben muss. Man stelle sich folgende Situation vor: die Menschen kommen aus dem Zeitalter des Feudalismus und lassen hinter sich das dunkle Mittelalter zurück. Die Kirche hat viel Unheil angerichtet und die Bürger sind an einer gewissen Brutalität von Seiten der Herrscher gewöhnt. Um an dieser Stelle wieder auf Foucault zurückzukommen, können seine Ausführungen bezüglich der sozialen Realität beispielsweise in Frankreich vom 17. bis zum 18. Jh. erwähnt werden. In seinem Werk „Überwachen und Strafen“ berichtet er nämlich von Folter, Verbannung, Todesstrafe; nur ein paar Begriffe, die diese Epoche beschreiben.[188] Auch steht historisch bezüglich der mittelalterlichen Zeit fest, dass die Situation in den nordwestlichen Regionen Europas überwiegend dieselbe war.

Erst im 18. Jh. wird die soziale Realität, wie man sie seit über zwei Jahrhunderten kannte, in Frage gestellt, und führt schließlich zur Aufklärungsphase Europas, in der das Individuum plötzlich im Zentrum des Interesses rückt. Begriffe wie Freiheit, Gleichheit und Menschenrechte werden schnell zum Appell des Bürgertums hinzugefügt.[189]

Gleichzeitig ist bei dieser Entwicklung die Stellung der tonangebenden Schicht zu erwägen. Diese sieht sich nämlich unter oben ausgeführten Umständen gezwungen ihre Durchsetzungsgrundlage erneut zu definieren, weil sie nicht mehr

---

185 Hassemer, Theorie und Soziologie des Verbrechens, S. 14 ff.

186 Seit 1870, als Birnbaum den Begriff in der Rechtstheorie einführte.

187 Vgl. zur Aktualität der Verwirrung Scheerer, a.a.O., S. 179-183.

188 Foucault, Überwachen und Strafen, S. 44 ff.

189 Siehe Französische Erklärung der Menschen- und Bürgerrechte vom Jahre 1789.

mit einer unterentwickelten *Horde* konfrontiert wird, da es nunmehr intellektuelle Personen unter den Bürgern gibt, die die Emanzipation des Individuums unterstützen. Jeder Versuch, die *Horde* zu bekämpfen, endet entweder als Bürgerkrieg oder als eine blutige Revolution.

Einerseits wird somit die tonangebende Schicht mit einer Bevölkerung konfrontiert, die durch die Aufklärung herausgefordert wird, sich nicht unterdrücken zu lassen; und andererseits steht sie Geisteswissenschaftlern gegenüber, die solche Theorien unter den Menschen verbreiten und fördern. Auch sollte nicht verkannt werden, dass im 17. und 18. Jh. die Universitäten zunehmend als staatliche Anstalten verstanden werden,[190] was unter dem Aspekt der Entwicklung der Geisteswissenschaftler als ein Versuch die Verteilung des Wissens beeinflussen zu können, verstanden werden kann.

Die Entstehung der Rechtsgutlehre im 19. Jh. kann deshalb unter den oben geschilderten Umständen auch als erlösender Faktor einer konfliktreichen Zeit für die soziale Umgebung verstanden werden. Denn die Ersetzung des Gesetzesverstoßes mit der Verletzung einzelner Güter, welche den Individuen selbst zugeschrieben werden, lässt bei den Bürgern den Eindruck und somit auch den Glauben entstehen, dass es dem neu definierten Kriminaljustizsystem nicht mehr um die Verletzung des Gesetzes des Herrschers, sondern eher um den Schutz der Güter der einzelnen Bürger geht. Somit identifizieren sich die Individuen immer mehr mit Gütern und dies geschah erstmals in einem Zeitalter, der schon die Entwicklungsphase des Güterkonsums erreicht hatte. Denn nicht nur sein Leben war plötzlich ein vom Gesetz geschütztes Rechtsgut, sondern auch sein Eigentum.

Erinnert man sich allerdings an dieser Stelle erneut an die bereits oben erwähnte Annahme, dass es sich beim Rechtsgut in der Rechtspraxis um einen inhaltleeren Topos handelt, stellt sich die Frage, wie denn nun der Rechtsgutsträger selbst in diesem Sinne verstanden werden kann.

Betrachtet man einerseits die Emanzipation der bürgerlichen Klasse und die Aufstände gegen die tonangebende Schicht, welche zum damaligen Zeitpunkt keinesfalls als Staat bezeichnete werden kann; und andererseits die Entwicklung des Positivismus, welcher neue positive, standhafte Begriffe konstruierte, um der Etablierung einer geltenden Rechtsordnung zu gewährleisten, kann sehr wohl unterstellt werden, dass es sich bei der Entwicklung des Positivismus um die staatliche Antwort auf die Emanzipation des Bürgertums gehandelt haben könnte.[191] Insbesondere unter dem Gesichtspunkt des bereits oben erwähnten staatlichen Einflusses auf etwaige europäische universitäre Einrichtungen des 17. und 18. Jh. wäre es durchaus denkbar, dass sich dieser Einfluss bis auf die Entwicklung einzelner wissenschaftlicher Denkansätze erstreckt haben könnte.

---

190 Vgl. Luhmann, Grundrechte als Institution, S. 321 ff.

191 Damals noch nicht als Staat anerkannt, sondern schlicht und einfach als Herrschaft.

Einerseits entwickeln sich nämlich die Individuen in einer liberaleren Richtung hin und andererseits entscheidet man sich, den Positivismus auch im juristischen Bereich einzusetzen, was schließlich zur Entwicklung des so genannten Rechtspositivismus führt. Auch die darauffolgende Tendenz etwaige positivistische Ansätze zu mäßigen, kann als Konsequenz der Gegenüberstellung der tonangebenden und der unterworfenen sozialen Schicht verstanden werden. Denn durch die Emanzipation des Bürgertums verliert die tonangebende Schicht einen erheblichen Teil ihres Freiraumes und schuldet den Unterworfenen zunehmend Rechenschaft über ihre Regierungs- bzw. Kontrollkompetenzen. Doch genau dieses Verfahren führt erneut zu der Disziplinargesellschaft Foucaults, da letzten Endes etwaige tiefere Eingriffe in die Erkenntnis des Einzelnen notwendig werden, und zur Mäßigung etwaiger etablierter Gegebenheiten führen können.[192]

Historisch gesehen, kann allerdings von einem Zufall dabei berichtet werden, der schließlich zu der gegenseitigen Abhängigkeit etwaiger sozialer Phänomene durchaus führen kann.[193]

Stellt nun das Rechtsgut einen inhaltleeren Topos dar, kann es sich beim Rechtsgutsträger eigentlich nur um dieses Individuum handeln, das wegen eines gewissen Eingriffs in seine Erkenntnis – wie beispielsweise die Überzeugung, dass die Strafbarkeit des abweichenden Verhaltens einzig und allein der Erhaltung seiner persönlichen Güter dient – das Kriminaljustizsystem als natürlichen Vorgang allmählich versteht. Unter diesen Umständen kann von einer gewissen Effektivität der Rechtsgutslehre in der Tat berichtet werden, da sie den Glauben an eine höhere Gewalt, welche zum Strafen befugt ist, untermauert und somit die Unterwerfung der Individuen gewährleisten kann. Doch dies kann wie oben erläutert wurde, überwiegend aus einer rechtspolitischen Sicht her diagnostiziert werden. Aus rechtsdogmatischer Sicht hingegen, bleibt der Begriff des Rechtsgutes ein inhaltleerer Topos, der auch deshalb rechtsdogmatisch uneffizient bleibt.[194] Trotzdem führt die Funktion des Rechtsgutes bei der Durchsetzungsfähigkeit einer Rechtsordnung, zu weiteren Gedanken, welche im Folgenden näher betrachtet werden sollen.

Es entsteht nämlich der Verdacht, dass die Einführung des Rechtsgutsbegriffes letzten Endes die Idee des Rechtsstaates untermauert oder in irgendeiner Art und Weise gefördert haben könnte. Schließlich vermochte der Staat den Schutz dieser Rechtsgüter zu übernehmen und könnte unter diesen Umständen eine

---

192 Foucault, Überwachen und Strafen, S. 277 ff.

193 Siehe auch Papachristou, a.a.O., S. 116 ff: Papachristou versucht die Entwicklungen innerhalb der Rechtswissenschaft teilweise als Konsequenz zufälliger Gegebenheiten darzustellen. Durch diese Zufälligkeit erklärt er sich die Willkür von Seiten des Rechtssystems.

194 „uneffizient“, weil sie letztendlich keine absolute Definition für den Begriff „Rechtsgut“ hervorgebracht hat. Unter diesen Umständen, lässt sich aber die Bedeutung für die Verbrechenslehre nicht beurteilen. Vgl. Michael Marx, Zur Definition des Begriffs „Rechtsgut“, München 1971, S. 13 ff.; Scheerer, a.a.O., S. 179-183.

dogmatische Grundlage zur Rechtfertigung seiner Durchsetzungsfähigkeit benötigt haben. An dieser Stelle befindet sich die Analyse an den Punkt, erst danach zu fragen was der Rechtsstaat überhaupt verkörpert.

3.2 Die soziale Struktur nach dem dogmatischen Vorbild

3.2.1 Ein kurzer historischer Rückblick in die Entwicklung des Staatsbegriffes

Um sich dem Begriff des Rechtsstaates überhaupt zu nähern, führt der Gedankengang unausweichlich zu einer Begegnung mit dem Begriff des Staates. Sowohl beim Staat wie auch beim Rechtsstaat handelt es sich um zwei intensiv besprochene und häufig analysierte Themen der Rechtstheorie, -geschichte und -philosophie. An dieser Stelle wird überwiegend die gegenseitige Abhängigkeit dieser Begriffe zentrales Interesse erlangen und zwar auf der bereits bezüglich der Gesellschaft, des Gesetzes und der Macht vorangegangenen Grundlage. Der Begriff des Staates taucht sehr früh in der menschlichen Geschichte auf. Sobald sich der Mensch innerhalb einer sozialen Umgebung bewusst befand und die sozialen Verhältnisse zu regeln vermochte.

Platons Werk ist das älteste, das uns mit dem Begriff anzufreunden versucht. Nun handelt es sich bei Platon um einen Staat, der nie so existiert hat, aber man könnte meinen, dass der Ursprung der menschlichen Staatsidee ziemlich ideal gewesen ist.[195]

Doch da das vorliegende Vorhaben keine historische Darstellung der Staatslehre sein soll, wird direkt bei zeitgenössischen Interpretationen angesetzt, wobei gleichzeitig etwaige historisch wichtige Stationen erwähnt werden sollen. Wichtig ist indes die Herkunftsgrundlage der Staatsidee kurz vor Augen haben zu können. Um sich nur ein paar Perspektiven zu vergegenwärtigen, werden hier zwei entgegen gesetzte Ansichten erwähnt. Einerseits entnimmt man Derrida die Ansicht, dass alle Staaten in einer Situation gegründet werden, die man revolutionär nennen kann.[196]

Andererseits glaubt Hassemer, dass es sich nur um einen Gesellschaftsvertrag handeln kann, der die Menschen untereinander an einem Staat bindet, weil es

195 An dieser Stelle wird nicht die Staatsphilosophie Platons tiefer analysiert, um erstens Wiederholungen zu vermeiden, da vieles davon im Kapitel der Gesellschaft wieder zu finden ist (es sei angemerkt, dass man in dieser Epoche keinen Unterschied zwischen Gesellschaft und Staat sah) und um zweitens dem Titel gerecht zu sein: Ein kurzer historischer Rückblick in die Entwicklung des Staatsbegriffes.

196 Derrida, Gesetzeskraft. Der mystische Grund der Autorität, S. 77.

keine Herren über menschliche Wertentscheidungen gibt und der Mensch selbständig über seine soziale Identität zu entscheiden hat.[197]

Doch rechtstheoretisch gesehen war es nicht einfach, sich auf eine Entstehungstheorie zu einigen, obwohl an dieser Stelle vielleicht erwähnt werden sollte, dass die Entstehungsgrundlage des Staates eigentlich durch den Rückgriff auf soziologische Aspekte der menschlichen Evolution ausreichend erklärt werden kann. Wie auch in den archaischen Zivilisationen unterscheiden sich die Begriffe Staat und Gesellschaft nur sehr schwer voneinander. Daher sind die Umstände, die den Menschen zur Entwicklung der sozialen Identität führen, auch im Zusammenhang mit der Entstehung des Staatsbegriffs entscheidend.

Dem Staatsbegriff werden schließlich konkrete Elemente zugeschrieben, die hier kurz hinzugezogen werden. Es handelt sich hierbei um die so genannte „Drei-Elementen- Theorie" von Jellinek, die das Staatsgebiet, das Staatsvolk und die Staatsgewalt als entscheidend für die staatliche Bezeichnung rechtstheoretisch einführt.[198]

Die drei Staatsformen, die man schließlich schon sehr früh in der Antike anerkannt hatte führen auf diese drei Elemente zurück. Es handelt sich um die Monarchie, die Oligarchie und die Demokratie (Ochlokratie).[199]

Alle drei gehen von einer Staatsgewalt aus,[200] die auf einem speziellen Staatsgebiet ausgeübt wird und bei dem auch ein Staatsvolk vorhanden ist.

Historisch sollte vielleicht an diesem Punkt erwähnt werden, dass man den Staatsbegriff ab den 4. Jh. n. C. unter den Einfluss der christlichen Religion zu definieren versucht. Von der Zeit des Augustinus, bis zu Thomas von Aquin befand sich die Staatsphilosophie innerhalb des Zeitalters des noch aufblühenden Christentums und wurde davon tief geprägt.[201]

Diese Information soll nur dazu dienen, die Neigung zur Monarchie durch dieses Prisma zu beobachten. Denn die monotheistische Perspektive wurde durch den Bezug auf eine monarchische Form der Staatsgewalt somit auf eine andere Ebene der Machtausübung verschoben. Nicht wenige der frühen Staatsphilosophen legitimierten die zentrale Herrschaftsausübung durch religiöse Argumentation, indem sie durch Gott die Herrschaft von Menschen über Menschen zu erklären versuchten.

Erst im 17. Jh. beginnt die Staatslehre einen anderen auslösenden Faktor der Staatsgewalt mit einzubeziehen. Die Staatstheorien von Hobbes, Locke und

---

197 Vgl. Hassemer, Theorie und Soziologie des Verbrechens, S. 30 ff.

198 Vgl. Weber-Fas, Über die Staatsgewalt, S. 15 ff.

199 Weber-Fas, a.a.O., S. 7 ff.

200 Vgl. Schweitzer, Staatsrecht III, 8. Auflage, Heidelberg 2004, S. 150 ff., Rn. 430: Staatsgewalt, wird als Souveränität nach innen, als Selbstregierung definiert. Siehe auch

201 Vgl. Weber-Fas, a.a.O., S. 45 ff.

Montesquieu waren es, die Rousseau schließlich zum Gesellschaftsvertrag führen sollten. Die Romantik, die durch die Unterdrückung des Mittelalters hervorgebracht wurde, scheint auch diese späteren Staatsphilosophen beeinträchtigt zu haben, da sie eine ziemlich utopische Betrachtungsweise zum Vorschein gebracht haben.

Denn aus dem Zeitalter des fanatischen Christentums heraus – des Mittelalters also – nahmen die Menschen ein Merkmal der christlichen Religion an und entwickelten sich weiterhin in einer ähnlichen Richtung. Es handelt sich um das Dogma, das durch den Christentum erst so intensiv die Wissenschaft beeinflusste und nunmehr als Orientierungsansatz eingesetzt wurde.[202] Die Information, dass man den Staatsbegriff formell erst im 16. Jh. in der Rechtstheorie einführte, zeigt, dass man sich innerhalb des Rechtspositivismus und der Rechtsdogmatik mit diesem Begriff befasste.[203]

Schließlich entschied man sich für die Staatsform der Parlamentarischen Demokratie, die den Allgemeinwillen besser zu repräsentieren schien. Doch an diesem Punkt sollte vielleicht noch erwähnt werden, dass es erst spät in der Geschichte passierte (um das 18.-19. Jh.). Davor, wurde mit Parlament ein Gerichtshof bezeichnet, der als eine der ältesten Institutionen galt.

Jedenfalls erkannte man dem Staat drei Funktionen zu: die Legislative (Gesetzgebung), die Exekutive (Vollziehung) und die Judikative (Rechtsprechung).[204]

Innerhalb der Parlamentarischen Demokratie, sind diese Funktionen unter Parlament (Gesetzgebung), Regierung, Verwaltung (Vollziehungsorgan) und Justiz (Rechtsprechungsorgan) aufgeteilt. Das Zeitalter der Gewaltenteilung war somit erreicht.

Erst durch diese Personifizierung kommt die menschliche Aktivität im ganzen Schema des Staates ans Licht. Wie auch Jellinek treffend bemerkt „Organe des Staates sind Menschen und daher sind alle staatliche Tätigkeiten, menschliche Tätigkeiten".[205] Und erst nach dieser Beobachtung entsteht der Aspekt der Willkür. Wie sich das menschliche Wesen in der Geschichte mehrmals bewiesen hat, scheint dieser Aspekt eine Konsequenz zu haben: plötzlich ist man als Mensch von einem anderen Mensch abhängig, der die Weisheit besitzen soll, gerecht zu regieren. Der menschliche Faktor jedoch scheint den ganzen Vorgang intensiv zu beeinflussen.

Zu der menschlichen Seite der sozialen Struktur gehören alle Faktoren, die den Menschen bei seiner Entwicklung beeinflusst haben. Somit entsteht eine hohe Wahrscheinlichkeit, dass viele seiner persönlichen Merkmale seine Tätigkeiten

---

202 Schönpflug, Geschichte und Systematik der Psychologie, S. 90 ff.

203 Weber-Fas, a.a.O., S. 79.

204 Siehe Fn. 42.

205 Jellinek, Der fehlerhafte Staatsakt und seine Wirkungen, Heidelberg 1908, S. 5 ff.

auf sozialer Ebene auch beeinflussen werden.[206] Deshalb entstanden auch in der liberalen Richtung Theorien, die sich die Staatsgewalt innerhalb des Staates gerechter vorstellen wollten, wie etwa von Kant, Humboldt, Marx und später auch von Weber. [207]Um kurz die Auswirkungen zu erwähnen, die diese liberalen Staatstheorien in der Entwicklung der Rechtstheorie hatten, soll hier nur auf das Schicksal des kommunistischen Fanatismus verwiesen werden. Marx wurde zur romantischen *Kassandra* und die liberalen Ideen über das mögliche Schicksal des Proletariats wurden in Russland zu einer kommunistischen Staatsform, deren negative Konsequenzen an dieser Stelle nicht näher erläutert werden müssen. Während dessen setzte die Rechtstheorie ihren Weg innerhalb des positivistischen Denkens fort.

Rechtstheoretisch gesehen, wenn nicht rechtsdogmatisch sah man sich dann in der Rechtstheorie gezwungen, den Staat aus rechtlicher Sicht zu betrachten und ihn schließlich dem Rechtssystem zu unterwerfen. Denn die Legitimation der Herrschaft von Menschen über Menschen - wie auch Max Weber den Staat definiert[208]- muss in einer zivilisierten Gesellschaft, die sich den Gesetzen freiwillig unterworfen hat, an diesen Gesetzen gebunden sein, um dem Gemeinwillen zu entsprechen.

Da allerdings die Frage nach dem Legitimationsgrund der Staatsgewalt in der Zeit des Positivismus auftaucht, wurde nach Rechtsinstrumenten gegriffen, die eine dogmatische Beobachtungsweise voraussetzten. Denn um eine staatliche Identität mit dem Positiven Recht, das in demselben Zeitalter als allgemein anerkanntes Rechtssystem angesehen wird, zu kombinieren, muss diese Identität an denselben Gesetzen, die das Positive Recht ausmachen, gebunden sein.

Genau dieses Verfahren und dieser Verfahrensstand belegt allerdings die Ähnlichkeit des hiesigen Versuches, dem Staate eine Legitimationsgrundlage zu verschaffen mit der bereits dargestellten Rechtsgutslehre.

Als Erinnerung soll hier noch mal betont werden - wie auch im vorherigen Kapitel geschildert wurde- dass man beim Rechtsgut und beim Verbrechen von einem dogmatischen Konstrukt, ausgeht, weil sie als Begriffe nur auf Konstrukte der menschlichen Wahrnehmung zurück zu führen sind, die auf dogmatischer Art und Weise vom schriftlichen Gesetz, das als subjektives Recht gilt, abgeleitet werden können.

Aus diesem Grund und um ferner jede Willkür oder Ausnutzung Seitens der Autorität auszuschließen, wurde der Staat an dem Positiven Recht gebunden. Daraus resultierte schließlich die Idee des Rechtsstaates.

---

206 Siehe auch das Kap. 2.3.1.

207 Siehe Fn. 46.

208 Vgl. Weber- Fas, a.a.O., S. 242.

3.2.2 Die Entstehung des Rechtsstaates im Zusammenhang mit derRechtsnorm und der Staatsgewalt

Die Geburt des Rechtsstaatsbegriffes liegt etwa zwei Jahrhunderte zurück.[209] Der Versuch, die Staatsgewalt mittels des Rechtssystems einzuschränken, führte die Rechtstheorie zu dem Ergebnis, dass man alle dem Staat zuerkannten Elemente schriftlicher Regelungen unterordnen müsste.

Robert von Mohl, der als erster im 19. Jh. den Begriff in systematisch-theoretischer Hinsicht gebraucht, beschreibt in seiner Theorie den Rechtsstaat und identifiziert ihn mit dem Staat.[210] Bereits im Rahmen der frühen Staatsphilosophie taucht der Rechtsstaat als eine Form von Herrschafts- oder Konsensbeziehung zwischen den Rechtsgenossen auf, was allerdings bereits zu diesem Zeitpunkt durch die Anwendung des positiven Rechts gewährleistet werden sollte. Aus diesem Grund kann auch von einer relativ frühen Unterwerfung des Staatsbegriffes dem Rechtssystem berichtet werden.

Doch bei diesem Versuch den Rechtsstaat konkret zu definieren und ihn mit ausgearbeiteten Elementen auszustatten, wurde insbesondere von der Einschränkung eines speziellen Merkmals des Staatsbegriffes anvisiert. Durch den Rechtsstaatsbegriff vermochte man eigentlich die Staatsgewalt einzuschränken. Doch bereits die Erscheinung der Notwendigkeit, die Staatsgewalt einzugrenzen belegt selbst, dass durch die Gründung des Staates nicht der erwünschte Punkt der Durchsetzung des Gemeinwillens erreicht werden kann. Und genau diese Gegebenheit belegt ferner die Lückenhaftigkeit der Staatstheorie.

Wie bereits hinsichtlich des Staats erwähnt wurde, handelt es sich bei der Entwicklung der Staatsphilosophie um Entwicklungen, die überwiegend in einer monarchistischen Staatsform stattfanden.

Nachdem von Mohl den Rechtsstaatsbegriff einführt, folgen mehrere Definitionsansätze: Stahls Theorie differenziert den Staat vom Rechtsstaat, indem er vom Rechtsstaat eine rechtliche Regelung der Ausübung der Staatsgewalt erwartet.[211]

Anders als von Mohl, der diese zwei Begriffe nicht von einander abgrenzt, entscheidet man sich in der Rechtstheorie zwischen Staat und Rechtsstaat zu unterscheiden, um schließlich die Theorie Rudolf von Gneists zu erreichen, die den Rechtsstaat als *vereinigenden Faktor* zwischen Staat und Gesellschaft definiert.[212]

---

209 Sarcevic, Der Rechtsstaat, S. 6 ff.

210 Sarcevic, a.a.O., S. 17 ff.

211 Siehe Fn. 16.

212 Sarcevic, a.a.O., S. 34.

Dieser Theorie nach sind die Souveränität des Staates und die Staatsgewalt als unabdingbare Bestandteile des Rechtsstaates zu betrachten. Diese zwei Elemente, die von Gneist bei seinem Rechtsstaat zugrunde legt, beweisen wie sehr die Rechts- bzw. Staatstheorie dieser Zeit von der Staatsform der Monarchie geprägt war.[213]

An diesem Punkt lässt sich schließlich auch die Lücke der Staatstheorie feststellen: Obwohl man sich nämlich durch einen Gesellschaftsvertrag dem Gemeinwillen zu folgen versprach, scheint die Staatsgewalt, die am Anfang nichts anderes als der Monarch war, sich nicht so einfach kontrollieren zu lassen. Demnach führt diese These zu der Beziehung, die Gesellschaft, Gesetz und Macht aufweisen und die im ersten Teil der vorliegenden Arbeit dargestellt wurde.

Trotzdem ist es von großer Bedeutung die konkrete Begrenzungsfunktion des Rechtsstaates im Rahmen der Ausübung der Staatsgewalt nachzuvollziehen.

Das positive Recht, das als Maßstab der sozialen Ordnung Anwendung fand, regelte nämlich auch die Begrenzung der Ausübung der Staatsgewalt. Im Rahmen der parlamentarischen Demokratie bedeutet dies allerdings nur die Staatsgewalt, die bereits anerkannterweise vom Volk ausgeht und von den Repräsentanten des Volkes im Parlament personifiziert werden, an das subjektive Recht zu binden.

Allerdings ist zu vermerken, dass die Rechtsnormen, die die Staatsgewalt begrenzen, aus derselben Quelle letzten Endes stammen: der Staatsgewalt. Im Zusammenhang natürlich mit der Parlamentarischen Demokratie und mit dem Recht des Volkes, bei der Legislative mitzuwirken, wird das soeben beschriebene Verfahren mit einem demokratischen Charakter ausgestattet. Somit braucht die Beziehung zwischen Staat und einzelnen Bürger nicht durch staatliche Macht, sondern durch die Rechtsordnung bestimmt zu werden.[214]

Letzten Endes handelt es sich hierbei um nichts anderes als dieselbe Grundlage der Entstehung des Staates selbst. Fraglich ist allerdings, was sich im Zusammenhang mit dem Rechtsstaat wirklich verändert hat. Rechtsdogmatisch gesehen, handelt es sich beim Rechtsstaat um eine Etablierung des im Zeichen des positivistischen Rechtsdenkens als positives Gesetz gestalteten Rechtsbegriffs. Diese Denkweise führt dazu, den Staatsbegriff dogmatisch verankern zu wollen. Fraglich bleibt immer noch, was sich wirklich verändert hat und inwiefern es sich bei der Rechtsstaatstheorie nur um eine rechtsdogmatische Etablierung des Staatsbegriffes handelt, was wiederum bedeuten würde, dass es sich sowohl

---

213 An dieser Stelle, wird gleichzeitig auf das letzte Kapitel der vorliegenden Arbeit aufmerksam gemacht, um den Einfluss des Christentums als auslösenden Faktor für die Neigung zur Monarchie zu vergegenwärtigen.

214 Vgl. Sarcevic, a.a.O., S. 54 ff.

beim Rechtsstaat als auch beim Staat, um ein dogmatisches Konstrukt, wie es beim Rechtsgut der Fall war, handelt.[215]

Jedenfalls konnte die Staatslehre keinen allgemein gültigen Rechtsstaatsbegriff aufstellen, weil sich das Rechtsstaatsprinzip je nach der vorhandenen Staatsform anders definieren lässt.[216] In der Monarchie ist es der Monarch, der als einziger Gewaltinhaber die legislative Funktion im Staat übernimmt und somit das Positive Recht, das die Beziehungen der Bürger mit dem Staat regeln soll, aufstellt. In der Parlamentarischen Demokratie, ist es das Parlament mit der Mehrheit, die die gesetzgebende Funktion übernimmt. Eine Mehrheit, die durch das Volk gewählt wird und die Regierung verkörpert.

Letztendlich handelt es sich beim Rechtsstaatsbegriff um einen Begriff, der sich nicht einfach vom Staat abgrenzen lässt. Die Staatsgewalt, die beim Staat als Element der Definition unabdingbar ist, existiert auch beim Rechtsstaat. Doch eigentlich soll sie im Zusammenhang mit dem Rechtsstaat begrenzt werden. Um das zu vollziehen, wird der Begriff des Staates dem Rechtssystem unterworfen. Indem die Staatsgewalt Rechtsnormen erteilt um ihre Macht, die ihr das Volk durch einen Gesellschaftsvertrag übertragen hat, zu begrenzen und sie dem Gemeinwillen nach zu orientieren, wird der Staat somit zum Rechtsstaat. An diesem Punkt sei nur angemerkt, das es dieselben Rechtsnormen sind, welche die soziale Identität der Bürger regeln sollen.

3.3 Das Individuum im Rechtsstaat

3.3.1 Die Gegenüberstellung der Rechtsdogmatik und des Individuums

Im vorangegangen Abschnitt wurde der Versuch einer theoretischen Annäherung der Begriffe Rechtsgut, Staat und Rechtsstaat unternommen. Die dogmatische Seite dieser Begriffe belegte, dass es sich um Konstrukte handelt, die die Rechtstheorie im Zusammenhang mit einer speziellen Richtung nämlich der rechtspositivistischen, definiert und einführt. Deshalb und um die gewonnenen Resultate thematisch einzubinden, soll kurz eine bildhafte Zusammenfassung die wichtigsten Stationen der vorangegangenen Untersuchung folgen:

Etwaige staatsorientierte Gedanken stammen vom Menschen ab und dienen ausschließlich dazu, eine ausgewogene Ordnungsart für die soziale Umgebung

---

215 Denn in der Fortentwicklung der Rechtstheorie und im Zusammenhang mit den allgemeinen Rechtsgütern, ist der Staat auch als Rechtsstaat definiert worden. Vgl. Roxin, a.a.O., S. 10 ff.

216 Sarcevic, a.a.O., S. 55 ff.

herausarbeiten zu können.[217] Daher dürfte das gesamte Rechtssystem nur als anthropozentrisch verstanden werden.

Denker der antiken Epochen, wie Plato, bis hin zu den Denkern der jüngsten Entwicklungsphasen der Zivilisation im 19. Jh. wie etwa von Humboldt definieren den Staat als Mittel zur Vervollkommnung des Individuums in der Gesellschaft.[218]

Die spätere Rechtstheorie/Rechtsdogmatik dagegen, wie auch die vorangegangene Analyse zum Vorschein gebracht hat, definiert das Individuum als Rechtsgutsträger; das Rechtsgut als dogmatisches Konstrukt – oder inhaltsleerer Topos –; den Staat als Rechtsgut und als Rechtsstaat.

Schließlich wird die Richtung zur Parlamentarischen Demokratie eingeschlagen, in der die ganze Rechtsdogmatik durch die Gewaltenteilung funktioniert.

Betrachtet man aber die Entwicklung der Rechtsdogmatik zur parlamentarischen Demokratie, dann sieht die Situation wie folgt aus: Der Bürger wirkt bei der Wahl der Regierung mit, welche die Staatsgewalt verkörpert. Im Wahlkandidaten sieht er die Instanz, die ihn auf politischer Ebene repräsentiert. Diese Staatsgewalt erkennt er als obere Instanz an, weil sie durch den Staat kontrolliert wird. Der Staat wiederum garantiert, diese Funktion zu gewährleisten, durch eine ihm höhere Instanz nämlich, die des Rechtsstaates und somit durch das allgemein anerkannte Rechtssystem, das aus Rechtsnormen besteht.

Der Bürger oder das Individuum erkennt diese Rechtsnormen an, weil sie auf sozialer Ebene seine Angelegenheiten regeln sollen. Eine dieser Angelegenheiten verkörpert auch den Schutz der Güter, die dem Individuum von der Natur zugesprochen werden, beispielsweise das Leben.

Bei diesen Rechtsnormen handelt es sich um diese Gesetze, die der Staat durch die Etablierung des Rechtsstaates bei der Begrenzung der Staatsgewalt benötigt. Denn nur, wenn die Staatsgewalt begrenzt ist, kann der dem Individuum zugeordnete Schutz überhaupt gewährleistet werden.[219]

Allerdings handelt es sich bei dem Rechtssystem, das diese Gesetze verkörpert um das positive Recht. Und nachdem dieses schon als Konsequenz der positivistischen Denkweise entlarvt wurde, und sich diese Denkweise als zur (Rechts-) Dogmatik verwandt bewies, bleibt folgende Frage immer noch offen: wie ist die

---

217 Vgl. Kap. 2.1 i.V.m. 2.2.

218 Sarcevic, a.a.O., S. 133 ff.

219 An dieser Stelle sei noch mal angemerkt, dass es sich bei der gesetzgebenden Instanz um die Staatsgewalt handelt, die sich also selbst durch die Gesetze begrenzen möchte. In diesem Zusammenhang sollte vielleicht noch eine historische Information erwähnt werden und zwar, dass alle diese Entwicklungen der Rechtstheorie durch die Epoche des Individualismus angestoßen wurden und dass die Staatsgewalt in dieser Epoche mit dem Staatsadel identisch war. Dazu vgl. Sarcevic, a.a.O., S. 150 ff.

Beziehung, die das Individuum mit dem Gesetz hat, in Wirklichkeit einzuschätzen?

3.3.2 Die Beziehung des Individuums mit dem Gesetz in der heutigen Gesellschaft, bzw. im heutigen Rechtsstaat

Die Gegenüberstellung der Rechtsdogmatik mit dem Individuum scheint ein verwirrendes Schema auszumalen, weil die Betrachtung dogmatischer Konstrukte im Zusammenhang mit dem Individuum widersprüchliche Logiksätze hervorruft.

Deshalb soll im Folgenden auf ganz rational-pragmatischer Ebene die Beziehung des Individuums mit dem Gesetz zurückverfolgt werden.

Das Individuum gehört durch sein Zusammenleben mit anderen Individuen einer Gesellschaft und somit einem Staat an. Diese Staatsangehörigkeit ist bei der Wahl der Rechtsordnung, die seine soziale Identität regelt ein entscheidender Aspekt.[220] Der Begriff der Staatsangehörigkeit wird an dieser Stelle erwähnt, um die Subjektivität der Rechtsordnung und somit auch der Gerechtigkeitsvorstellung zu zeigen. Foucault hat in diesem Zusammenhang bei der territorialen Zugehörigkeit des Individuums ein Instrument der Machtausübung beispielsweise gesehen.[221] An dieser Stelle sei nur angemerkt, dass die Zuständigkeit einer Rechtsordnung zumindest ausschließlich nach subjektiven Kriterien erfolgt.

Diese Rechtsordnung entsteht in der parlamentarischen Demokratie durch die Gesetzgebung. Doch ein Blick in die heutige Gesetzgebung zeigt, dass dieser Vorgang, den man früher unter diesem Begriff verstanden haben mag, nicht mehr in der Praxis existiert. Vielmehr scheint es sich dabei mittlerweile nur um Gesetzesänderung zu handeln.[222] Dieses Phänomen führt wiederum zur *Polynomie (=Gesetzesflut)* und somit zu einer rechtlichen Verwirrung und Unsicherheit. Die Willkür wird somit offensichtlich. Denn es sieht demnach aus, dass durch die Gesetzesänderungen die Zahl der Rechtsnormen steigt. Doch in einer Gesetzesflut wird die Möglichkeit sich auf der Ebene der Gerechtigkeit zu bewegen nur schwieriger, als wenn es bestimmte Rechtsnormen sind, die die Rechtsordnung verkörpern.

---

220 Natürlich soll hier auch die Veränderung, die durch die Entwicklung der Europäischen Union eingetreten ist nicht übersehen werden. Verwiesen wird hiermit auf den Art. 17 (Unionsbürgerschaft) des Vertrags zur Gründung der Europäischen Gemeinschaft, vom 25. März 1957. Im Folgenden wird die Wichtigkeit dieser Entwicklungen für das Individuum näher betrachtet.

221 Foucault, S. 114 ff.

222 Brandner, Gesetzesänderung, Eine rechtstatsächliche und verfassungsrechtliche Untersuchung anhand der Gesetzgebung des 13. Deutschen Bundestages, Berlin 2002.

Auf Grund dessen scheint das Individuum einem Rechtssystem Untergeben zu sein, das ihm keine absolute Rechtssicherheit bieten kann, weil es sich mittlerweile bei der Gesetzgebung um einen Verwaltungsakt handelt. Gleichzeitig verursacht die Gesetzesflut auch die Unzugänglichkeit der Gesetze für das Individuum, weil man natürlich nur ganz schwer dem ganzen Vorgang folgen kann.[223]

Die Unzugänglichkeit der Gesetze wird schließlich heutzutage sehr intensiv auch durch die neuen politischen Umstände beeinflusst. Denn in einem Zeitalter, in dem der Staat sich politisch *ausdehnt* und beispielsweise zu einer größeren Gemeinschaft gehören möchte, wie die Europäische Union, dehnt sich auch der Begriff der parlamentarischen Demokratie weitgehend aus. Somit wird eine Tendenz zur Internationalisierung des Staatsbegriffs sichtbar. Die Verträge, die die neuen politischen Umstände regeln sollen und durch ihre Ratifizierung neuartige Verpflichtungen und Umstände für Staaten und Individuen statuieren, greifen auch im bisher anerkannten System des Rechtsstaates ein. Die Staatssouveränität lässt allmählich nach. Bei diesem Prozess wird es immer schwieriger den Begriff der Staatsgewalt zu definieren.

Alle diese *technischen* Veränderungen auf dem Gebiet des Rechts im Zusammenhang mit der vorangegangenen Verwirrung durch die Unklarheit der dogmatischen Begriffe distanzieren das Individuum immer mehr vom Rechtssystem. Einerseits wird begrifflich der Inhalt der Rechtsnormen nicht verständlich genug und andererseits werden auch noch die Umstände, unter denen sich das Individuum innerhalb einer Rechtsordnung zu Recht finden muss, immer komplexer. Somit hat das Individuum keine Möglichkeit a) das Gesetz zu kennen und b) es zu verstehen.

Konsequenz dieser Tatsachen ist, dass sich das Individuum an eine Rechtsordnung bindet, ohne die Möglichkeit zu besitzen, sie überhaupt zu hinterfragen geschweigedenn zu kontrollieren, weil er sie nicht wirklich verstehen kann. Unter diesen Umständen hat das Individuum nur geringe Möglichkeiten, Willkür von Seiten der Staatsgewalt festzustellen und zu beseitigen.

---

[223] Papachristou, a.a.O., S. 132 ff.

4 Stellungnahme – Die Gesetzgebung als Herrschaftstechnik

4.1 Die dogmatische Untermauerung sozialen Geschehens

Wollte man das schon gesagte zusammenfassen, hat das vorliegende Vorhaben bei dem historischen Rückblick der Entstehung der Begriffe Gesellschaft, Gesetz und Macht, die Rechtsdogmatik miteinbezogen. Die Ergebnisse dieser Herangehensweise wurden dabei ersichtlich. Zu überprüfen ist freilich noch die These, dass die Gesetzgebung eine Herrschaftstechnik verkörpern kann.

Die gegenseitige Abhängigkeit der Begriffe Gesellschaft, Gesetz und Macht belegt, dass es historisch gesehen realistische Umstände waren, die anfangs den Menschen zum Gemeinschaftsleben führten.[224] Eine nähere Beobachtung der menschlichen *Physis* zeigt, dass sich der Mensch psychologisch gesehen große Mühe gegeben hat, seine Existenz zu verstehen.

Diese Umstände führten ihn zur Erkenntnis, aber auch zu vielen Missverständnissen wie z. B. die Idee, durch seiner Existenz immanenten Ohnmacht einen Zwang in sich hervorzurufen und über andere Menschen herrschen zu wollen.[225] Diese Orientierung wiederum führte ihn eben auch zu der Überzeugung, dass man das Gemeinschaftsleben besser durch Regeln, die der allgemeinen Wahrnehmung nach aufgestellt werden, organisieren könnte.[226]

Die Betrachtung des Rechtsstaates zeigt, dass er diese Stütze verkörpert, die nötig gewesen ist, um eine Rechtsordnung zu etablieren. Die Beziehung des Rechtsstaates zum Staat und zur Staatsgewalt belegte allerdings ferner, dass es sich um gegenseitig abhängige Begriffe handelt, weil nämlich keiner ohne den anderen jemals konstruiert werden könnte. Dieser Aspekt, der die drei Begriffe vereint, ist die Rechtsdogmatik. Über den Positivismus, der das positive Recht zum maßgebenden Element für die Etablierung des Rechtsstaates hervorgehoben hat, kam die Rechtstheorie zur Rechtsdogmatik und somit zur dogmatischen Erklärung der Wichtigkeit einzelner sozial-rechtlicher Begriffe. Kurz gesagt schuf man dogmatische Konstrukte, um in der Rechtstheorie die Institutionen unter dem Oberbegriff der Gerechtigkeit einordnen zu können.

Der Aspekt allerdings, dass dogmatische Konstrukte je nach den Umständen definiert werden können, gefährdet die so genannte Rechtssicherheit. Denn, da es sich bei den dogmatischen Konstrukten um Begriffe handelt, die nur im Zusammenhang mit einer vorangegangenen Dogmatik definiert werden können, ist es fraglich, ob und inwiefern man überhaupt den Begriffen kritisch gegenüber

224 Siehe Kap. 2.1.1.

225 Siehe Kap. 2.3.1.

226 Siehe Kap. 2.1.1.

stehen kann. An diesem Punkt soll nicht wieder die Dogmatik vertieft werden, aber es soll lediglich ein Zusammenhang zu der Disziplinargesellschaft Foucaults hergestellt werden. Der Knotenpunkt zwischen Disziplinargesellschaft und dogmatisches – nichtkritisches Denken[227] – bleibt nämlich die Erkenntnisfähigkeit des Individuums. Denn die Thematik bezüglich der dogmatischen Denkweise weist, wie schon erläutert wurde, sowohl einen doktrinären Ansatzpunkt als auch einen historischen Hintergrund vor.

Der historische Rückblick, der am Anfang der vorliegenden Untersuchung vorgenommen wurde, hat die Begriffe, die die Entwicklung des Individuums beeinflusst haben, zurückverfolgt. Als die Analyse bei dem Machtbegriff angekommen war, wurde die Ohnmacht des Menschen gegenüber seiner Natur ersichtlich. Die These, dass der Mensch schließlich zu einem Zwang geführt wurde und sich deshalb auf den Machtbegriff fixierte, kann auch als ein Stück Wissen, das dem Menschen verloren ging, betrachtet werden.

Dieser Aspekt, der die Erkenntnisfähigkeit des Individuums beeinflusst hat, führt zu Foucault und seiner Disziplinargesellschaft. Denn er stellt die Entstehung der Disziplinargesellschaft als Konsequenz der Machtbeziehungen in der Gesellschaft dar. Dabei legt er sehr großen Wert auf die Rolle, die das Christentum in der Geschichte des Menschen gespielt hat. Betrachtet man seine These präziser, so scheint er eigentlich den Aspekt des Dogmas als ausschlaggebend beim ganzen Verfahren der Entstehung der Disziplinargesellschaft anzusehen.

4.2 Dogmatismus und Christentum – Foucaults Machtheorie

Foucaults Machttheorie entnimmt man nun, dass in der christlichen Institution eine alte Machttechnik integriert worden sei.[228] Diese Machttechnik basiere auf die *soziale Kraft*, die einige Individuen innerhalb einer Gesellschaft durch ihre religiöse Eigenart bekommen. Bei diesem Aspekt handele es sich um das christliche Dogma, das dem sterblichen Individuum ein Seelenheil in anderen Welten sichern möchte. So sei nach Foucault eine Wahrheit entstanden, der alle aus Furcht folgten. Dies sei dadurch geschehen, dass man die soziale Kraft der Individuen, die diese Wahrheit vertreten haben, anerkannte. Allerdings sei diese Machttechnik deshalb alt, weil sie aus fast archaischen Gegebenheiten, die man der menschlichen Geschichte entnehmen kann, stamme. Genau diese These vertritt Foucault in seinem Buch „Die Wahrheit und die Juristischen Formen".

---

227 Vgl. Foucault, S. 47-48.

228 Foucault, Warum ich Macht untersuche: Die Frage des Subjekts, in: Dreyfuss/ Rabinow (Hrsg.): Michel Foucault. Jenseits von Strukturalismus und Hermeneutik, Frankfurt a. M. 1987, S. 243-261, (248).

Hilfsweise braucht man sich eigentlich nur an die Kraft, die die Propheten, Pharaos oder sonstige Geistige Oberhäupter in der Geschichte hatten, zu erinnern, um diese These an dieser Stelle nachzuvollziehen.

Nicht zuletzt deshalb, weil die Rechtsdogmatik – wie schließlich auch die vorangegangene historische Zurückverfolgung des Begriffes belegte – unter dem Einfluss des Christentums entstand, während fast alle Rechtstheoretiker jener Zeit vom Christentum geprägt waren.[229] Doch seitdem die kirchliche Institution ihre soziale Kraft aber auch nun als Macht verstanden, im 18. Jh. langsam verlor, könnte man eigentlich meinen, dass man sich wissenschaftlich gesehen von dieser Denkweise entfernen würde. Aber die christliche Religion, ist eine Religion, die seit über 2005 Jahren immer noch existiert und die auf ein Dogma zurückführt, das man nicht so leicht übersehen kann.

An diesem Punkt kommt die schon erwähnte Ohnmacht des Menschen wieder zum Vorschein. Diese Ohnmacht kann nur sehr schwer einem Dogma widersprechen, das über ein anderes Leben – nach dem Tod – *regiert.* So entstehen aber Machtverhältnisse, weil man in diesen Situationen nicht von einem physischen Zwangsverhältnis – wie die Sklaverei – berichten kann, sondern von einer Führungsbeziehung zwischen Führer und Geführtem. Diesem Aspekt nach vertritt auch Foucault seine These, dass ein Machtverhältnis der Freiheit der Parteien bedarf, um erfolgreich zu funktionieren.[230]

Wenn man aber als Mensch seine gegenwärtige Situation verstehen möchte, muss man nach einem geschichtlichen Bewusstsein streben. Deshalb hat sich die vorliegende Untersuchung die Mühe gemacht, anfangs die historischen Aspekte aufzuzeigen, die zur Entstehung der organisierten Gesellschaft führten und im Weiteren danach die Produkte dieser Entwicklung näher zu betrachten. Sowohl das Christentum als auch die Rechtsdogmatik sind Produkte dieser Entwicklung.

Beide haben die Gesellschaft in eine Richtung getrieben, die die Menschen schließlich in Gruppen aufteilt: auf der einen Seite die Priester und auf der anderen Seite die Gläubigen; auf der einen Seite die Bürger und auf der anderen Seite die legitimierte Staatsgewalt. Beide befanden sich am Höhepunkt ihrer Entwicklung in derselben Epoche und somit können sie als historische Tatsachen nicht einfach getrennt werden. Eigentlich können sie auch nicht so leicht getrennt werden, weil ein zu großer gegenseitiger Einfluss dazwischen liegt, der es wirklich unmöglich macht, diese zwei Begriffe auseinander halten zu wollen.

Doch die vorliegende teilweise historische Untersuchung hat ebenfalls belegt, dass der ganze Vorgang der Organisierung des Gemeinschaftslebens der Menschen viel früher angefangen hat, und darum weisen die Wurzeln sowohl des Christentums als auch der Rechtsdogmatik viel tiefer in der menschlichen Geschichte. Die Machtverhältnisse existierten auch in den archaischen Gesell-

229 Siehe Kap. 3.2.

230 Siehe Fn. 204.

schaften, sie wurden nur im Zusammenhang mit der Entwicklung der Zivilisation weiter entfaltet.

4.3 Gesetzgebung – Disziplinargesellschaft

Insofern kann man nun unter den heutigen Umständen der Gesetzgebung von einem Instrument berichten, das je nach dem handelnden Subjekt eingesetzt werden kann.[231] Natürlich hängt der Einsatz eines Instruments immer vom handelnden Subjekt ab. Man kann realistisch gesehen aber nicht als denkender Mensch meinen, dass die Zivilisation dem Rat Platons gefolgt ist. Denn die Inhaber der jeweiligen Staatsgewalt und somit auch die Gesetzgeber scheinen keine Philosophen zu sein und viel weniger in der heutigen Zivilisation sein zu können. Somit bleibt die Willkür, die man eigentlich über die Rechtsdogmatik verringern wollte, immer noch vorhanden.

Vielleicht sind die Umstände reifer geworden um viel in der Rechtstheorie zu verändern. Doch jede Veränderung, die zu einer Abschaffung der Willkür führen könnte hat mit der Erkenntnis des Individuums zu tun. Wie Foucault auch berichtet konnte die Disziplinargesellschaft überhaupt nur deswegen entstehen, weil man dem Individuum moralisch (ethisch) entgegen kam. Durch die Entstehung einer sozialen Ethik, öffnete sich allerdings der Weg, auf den Wissensbereich des Individuums eingreifen zu können, und ihm somit seiner unter anderen Umständen gegebenenfalls umfangreicheren Erkenntnisfähigkeit *berauben.* Dieses Element ist genau die Stütze jedes Dogmas und somit jeder dogmatischen Perspektive: Tatsachen anzunehmen, ohne sie kritisch zu betrachten. Die Rechtswissenschaft blieb also dogmatisch, auch wenn sie zunehmend lernte, die Funktion ihrer Dogmen in einem Problemlösungszusammenhang zu analysieren.[232]

Darum führt der Weg dieser Analyse zur nächsten und letzten Frage, nach dem Schicksal des Individuums im Zusammenhang mit diesen Thesen, die der Gesetzgebung keine gesetzgebende Funktion in der heutigen Gesellschaft anerkennen können.

Nachdem die These, dass es sich bei der Gesetzgebung um eine Herrschaftstechnik handeln könnte, aufgestellt wurde, stellt sich die Frage nach dem Schicksal des Individuums und führt deshalb zu der Disziplinargesellschaft Foucaults. Jede wissenschaftliche Analyse wird vom Menschen eingeleitet, um versuchsweise Lösungen für seine Probleme aufzustellen und dann die falschen

---

231 An dieser Stelle soll nur auf das Kap. 3.3 verwiesen werden und besonders auf den Aspekt, dass es sich bei der heutigen Gesetzgebung um einen Verwaltungsakt handelt.

232 Vgl. Luhmann, Grundrechte als Institutionen, S. 8 ff.

Lösungen als irrtümlich zu eliminieren.[233] Deshalb sollte jede Vertiefung auf wissenschaftlicher Ebene zu ihm zurückführen können.

Das Individuum ist der Knotenpunkt zwischen Gesellschaft und staatlicher Institution. Erst durch die Erkenntnis des Menschen, dass er seine soziale Identität regeln muss, um balanciert mit den anderen Mensch zusammenzuleben, könnte es überhaupt zu einer wissenschaftlichen Analyse auf sozialer und später politischer Ebene kommen.

Wie schon erwähnt, handelt es sich bei der Gesetzgebung – nunmehr – um einen Vorgang, der auf dem Gebiet der Verwaltung stattfindet. Diese Entwicklung des Begriffs der Gesetzgebung verändert seine Definition. Der Gesetzgeber ist nicht mehr der Mensch, der sich für Recht und Unrecht einsetzt und somit soziales Verhalten festlegt.

Aber wie auch die historische Darstellung der Entwicklung des Begriffs der Rechtsordnung zum Vorschein gebracht hat, gibt es mehrere Aspekte, denen man die Entstehung der heutigen Form von Rechtsordnung zurechnen kann.[234] Ein sehr wichtiger Aspekt war die religiöse Orientierung des menschlichen Denkens.

Die Entwicklung der religiösen Identität des Menschen hat eine sehr große Rolle bei der Verteilung der staatlichen Zuständigkeiten gespielt. Die soziale Kraft, die man als Vertreter eines Dogmas ergreift, dehnt sich auch bei der staatlichen Organisation aus. Somit wurde die dogmatische Betrachtungsweise auf vielen Gebieten der sozialen Identität sichtbar. Da das rechtliche Gebiet die soziale Identität regelt und die soziale Kraft eines Dogmas entscheidenden Einfluss bei den Gesinnungswerten der Individuen hat, entstand eine Beziehung zwischen Dogma und Recht.[235] Denn die Kraft eines Dogmas stützt sich auf seinen moralischen Hintergrund und dieser wiederum verkörpert die Sitten, den Glauben und die Denkweisen des Menschen, die ihn zu einem Dogma führen konnte. Diese Entwicklung der Sitte und der Moral, die anfangs zur Tradition und später zum Recht wurde, ist die gemeinsame Vorform vom Recht, in der Recht und Moral noch unentfaltet und ungeschieden enthalten sind.[236]

Die Art und Weise, in der die dogmatische Betrachtungsweise die Erkenntnis des Menschen beeinträchtigt, ist maßgebend für seine kritische Wahrnehmung und somit auch für sein soziales Verhalten. An diesem Punkt muss nur auf den Einfluss des Manichaismus verwiesen werden, dem die dualistische Denkweise

233 Popper, Alles Leben ist Problemlösen, S. 15.

234 Vgl. Kap. 2.2.1 i.V.m. 2.2.2.

235 Um diese These verständlicher darzustellen soll an diesem Punkt zu der gegenseitigen Abhängigkeit der Begriffe Gesellschaft und Gesetz verwiesen werden. Vgl. Kap. 2.

236 Vgl. Wesel, Geschichte des Rechts, S. 46 ff.

zuzuschreiben ist.[237] Unter diesem Dualismus entstand die Wahrnehmung von Gut und Böse, die die menschliche Zivilisation radikal verändert hat.

Wenn also dem Individuum ein spezielles Gut anerkannt wird, das nicht genau zu definieren ist und man seinen Konsens durch diese Anerkennung sicherstellt, entsteht somit eine gewisse Wahrheitsverzerrung in seinem Wissensbereich. Denn obwohl das Individuum vom Inhalt des Guts überzeugt ist und dessen Schutz von der Rechtsordnung erwartet, scheint die Rechtsordnung selbst den Begriff nicht festlegen zu können.

Die Verwirrung der dogmatischen Begriffe im Zusammenhang mit den Machtverhältnissen, die sehr früh schon in den menschlichen Gesellschaften zu finden sind, führt zu der These, dass dem einzelnen Individuum ein Verhalten vorgeschrieben werden kann, ohne es ausreichend begründen zu können.

Der Aspekt, dass es sich zugleich bei der Gesetzgebung nur um einen Verwaltungsakt handelt, also um einen Akt der Exekutive, stellt die Gewaltenteilung in Frage und somit auch den Rechtsstaat.

Unter diesen Umständen lassen sich zwei Hypothesen aufstellen: entweder war die Rechtsdogmatik vom Anfang an lückenhaft, weil sie nur ein Argumentationskonstrukt darstellt, oder die Irreführung fand irgendwann später statt. Das wiederum würde bedeuten, dass das Gebiet der Rechtsheorie wirklich ein anthropozentrisches Moment beim Versuch die Staatsgewalt zu begrenzen, vorzuweisen hat.

4.4 Konsequenzen

Wie dem auch sei, hat das ganze hier erläuterte Verfahren eine Konsequenz für das Individuum: Indem man ihm durch die Gesetzgebung, die er als Schutz seiner Güter ansieht, Verhalten mithilfe des Kriminaljustizsystems aufgezwungen hat, hat man die Gelegenheit gehabt, in sein Wissensbereich tief einzugreifen. Wie auch Hassemer berichtet „wird durch die Sanktionierung für Verhalten, das als strafbar beschrieben wird, die bleibende rechtstreue Gesinnung der Bürger gestärkt und ihr sozialethisches Urteil geformt“.[238]

Bei seiner Beurteilung geht Hassemer allerdings davon aus, dass alles was vom Gesetzgeber als strafbar bezeichnet wird, auch wirklich schädlich für die Gesellschaft ist. Fraglich bleibt, wie die Situation zu bewerten ist, wenn das Rechtsgut, das vom Gesetz beschützt werden soll, nicht definierbar ist. Noch problematischer wird es sogar, wenn man wirklich davon ausgehen muss, dass die Gesetz-

237 Vgl. Weber-Fas, Über die Staatsgewalt, S. 45 ff.

238 Hassemer, Theorie und Soziologie des Verbrechens, S. 89.

gebung unter einer Missachtung der Gewaltenteilung stattfindet und somit ein wichtiges Element des Staatsbegriffes eliminiert wird. Die beim Bürger zu stärkende Rechtstreue wird damit ausgehöhlt und die Möglichkeit der Formung eines sozialethischen Urteils desavouiert.

Schließlich ist es historisch gesehen nicht auszuschließen, dass das oben erläuterte Verfahren, welches zur Gesetzgebung führt und somit die soziale Identität des Individuums unausweichlich beeinflusst, den in den letzten Kapiteln geschilderten Umständen entsprechend verläuft. Es sei denn, man nimmt an, dass die Gerechtigkeitsmaxime im Vordergrund steht und das staatliche Handeln immer in der menschlichen Geschichte gesteuert hat. In so einem Fall bestünde allerdings kein Grund zur Sorge um eine gegebenenfalls manipulierte Erkenntnisfähigkeit des Individuums, denn es würde ja nur zu seinem Besten geschehen.

Die Tatsache aber, dass sich der Mensch gezwungen sah, durch Rechtsnormen seine soziale Identität zu regeln, zeigt eigentlich, dass nicht so viel Vertrauen in den sozialen Beziehungen existiert, so dass man vom Individuum erwarten könnte, dass es mit seiner Unwissenheit zufrieden wäre. Denn betrachtet man die Situation von der Perspektive eines nicht-juristischen Individuums, sieht es folgenderweise aus: Wenn man ihm sagt, dass es vom Gesetz den Schutz seiner Rechtsgüter zu erwarten hat und ihm dann von der Verwirrung der Rechtstheorie berichtet, die zu einem inhaltsleeren Topos hinsichtlich des Rechtsgutsbegriffes führt. Darauf folgend ihm noch erklärt, dass es sich beim Staat auch um ein Rechtsgut handelt und beim Rechtsstaat um einen dogmatischen Konstrukt, dass durch die Gewaltenteilung eine von der Staatsgewalt unabhängigen Gesetzgebung gewährleistet, die aber nicht so in der Praxis funktioniert. – Zur Erklärung des letzten Aspektes müsste man ihm natürlich auch mitteilen, dass der Staat die Rahmenbedingungen, in denen die Staatsgewalt kontrolliert wird, selbst setzt.[239] – Fraglich wäre, inwiefern sich das Individuum nach einer derartigen *Aufklärung* als soziales Wesen sicher fühlen würde.

Ohne Zweifel würde jeder Nichtjurist dieses Verfahren mindestens als ein Verfahren auffassen, das ihm wichtige Aspekte seiner sozialen Identität vorenthält. Trotzdem geht das Individuum bei seinen Schlussfolgerungen von der Tatsache aus, dass die Rechtsordnung richtig funktioniert und dass von der Judikativen, Gerechtigkeit zu erwarten ist. Die Rechtssicherheit also, die dem Individuum einen erheblich wichtigen Teil seiner Existenz und zwar des sozialen Überlebens als geregelt darstellen möchte, könnte vielleicht auch nur eine Illusion sein.

Um an dieser Stelle nach Foucault zu greifen, soll seine These über die Entstehung der Staatsgewalt kurz erneut herangezogen werden. Seines Erachtens handelt es sich nämlich bei der Entstehung der Vorform des Staatsanwalts, der das Recht des Herrschers vertritt, um die Aneignung jeder Form der Wahrheitsfin-

---

239 Vgl. Wesel, Geschichte des Rechts, S. 49 ff.

dung vom Herrscher.[240] Unter diesen Umständen schaffte es die Staatsgewalt, das Wissen, das durch jede Untersuchung auf der Ebene der Judikativen stattfindet, zu kontrollieren. Der Urteilsspruch wird unter diesen Umständen zu einem Instrument der Staatsgewalt.[241] Somit wird das Urteilsvermögen des Individuums beeinflusst, denn es sieht beim Staatsanwalt nicht den Vertreter des Herrschers oder der Staatsgewalt, sondern der Gerechtigkeit. Es wurde bereits erwähnt, dass die tatsächliche Entstehung der Institution der Staatsanwaltschaft nicht besonders von Foucaults Theorie letzten Endes abweicht. Dass die Einführung der Vorform der Staatsanwaltschaft hauptsächlich zweckmäßig Seitens der Obrigkeit stattfand, ist mittlerweile historisch belegt worden.[242]

An dieser Stelle erkennt Foucault auch die Kraft der Strafrechtswissenschaft. Doch hierbei handelt es sich letzten Endes ebenfalls um historische Gegebenheiten, die Ende des 18. Jahrhunderts einen Rekurs in der Strafrechtswissenschaft erkennen lassen, welcher sich als eine philosophische Legitimationsstrategie staatlichen Strafens schließlich entfaltete.[243] Denn wenn die Gesetzgebung wie erläutert funktioniert und jedes Verhalten willkürlich bestraft werden kann, so hat die Staatsgewalt, sogar mit dem Einverständnis des Individuums, das Recht in seine Erkenntnis und somit auch in sein Verhalten einzugreifen. Was das Kriminaljustizsystem angeht, vermochte man mithilfe „allgemein verbreiteter pädagogischer Techniken die bürgerliche Kardinaltugend „Arbeitsamkeit“ bei den Besserungssträflingen (wie bei den Kindern) zu verankern und durch ihre Verbreitung im Gesellschaftskörper insgesamt für den Staatswohlstand zu sorgen“.[244] Um nach diesen Thesen zur Disziplinargesellschaft zu kommen, meint Foucault, dass man nur alle anderen sozialen Institutionen einfach unter demselben Aspekt betrachten muss. Erinnert man sich an Benthams Panoptikum-Modells und eben so auch an dessen Überwachungsprinzipien, die zunächst bei der Entwicklung des Gefängnisbaus allerdings auch auf Fabriken, Irrenhäuser, Hospitäler, Arbeitshäusern, Schulen und Blindenanstalten Anwendung fanden,[245] erweist sich die Disziplin auch auf anderen Ebenen des sozialen

---

240 Foucault, S. 62 ff.

241 Vgl. Nutz, Strafanstalt und Besserungsmaschine, S. 141-145; 211-228.

242 Sellert, Was wissen wir über den Inquisitionsprozess? Stand und Ergebnisse der rechtshistorischen Forschung, S. 16 ff.; Foucault, Die Wahrheit und die juristischen Formen, S. 68 ff.; Kurzrock, Die Zulässigkeit politischer Einflussnahme auf Strafverfahren. Zur verfassungsrechtlichen Einordnung der Staatsanwaltschaft, S. 17 ff.; Elling, Die Entstehung der Staatsanwaltschaft in Deutschland, S. 14-25.; Sättler, Die Entwicklung der französischen Staatsanwaltschaft, S. 7 ff.; Goldschmidt, Staatsanwaltschaft und Kriminalpolizei in Frankreich, S. 181 ff.; Schinnerer, Wirkungskreis und Organisation der Staatsanwaltschaft, S. 25 ff.; Susanne Wulff, Die ursprünglichen Funktionsträger der Staatsanwaltschaft, S. 29 ff.; Nutz, Strafanstalt als Besserungsmaschine, S. 181 ff.

243 Vgl. Nutz, a.a.O., S. 219-220.

244 Nutz, a.a.O., S. 143.

245 Nutz, a.a.O., S. 175-181; Foucault, S. 85 ff.

Lebens effektiv. Denn, wenn die Rechtsdogmatik zur christlichen Dogmatik zurückführt und diese die moralische Einstellung des Individuums kontrollieren kann, dann ist somit der Einfluss der Erkenntnis schon auf zwei wichtigen Gebieten vollbracht: Einerseits auf der spirituellen Ebene der menschlichen Wahrnehmung und andererseits auf der sozialen.

Wenn man aber durch diese zwei Aspekte die moralischen Gesinnungswerte des Individuums zu regeln vermag, so kann das nur durch Erziehung gelingen. Dass auch die Erziehung vom dogmatischen Denken beeinflusst wurde, scheint in diesem Zusammenhang nicht mehr erklärungsbedürftig zu sein.[246] Deshalb sieht Foucault in der Strafrechtswissenschaft auch die Funktion der Pädagogik, die aber durch die Furcht vor der Sanktion schließlich im Rahmen des Kriminaljustizsystems stattfindet.[247]

Da aber das Individuum von dem Ziel der Rechtsordnung und damit auch von der dogmatischen Perspektive überzeugt ist, wird es sich sicher nicht gegen diese *soziale Orthopädie*, wie Foucault den Vorgang bezeichnet, wehren.[248]

Foucault zitiert den Strafrechtsreformer J. M. Servan von 1767: „Die Ideen von Verbrechen und Züchtigung müssen fest verbunden sein und lückenlos aufeinander folgen. Wenn ihr so die Kette der Ideen in den Köpfen eurer Mitbürger gespannt habt, könnt ihr euch rühmen, sie zu führen und ihre Herren zu sein. Ein schwachsinniger Despot kann Sklaven mit eisernen Ketten zwingen; ein wahrer Politiker jedoch bindet sie viel fester durch die Kette ihrer eigenen Ideen; deren erstes Ende macht er an der unverständlichen Ordnung der Vernunft fest. Dieses Band ist umso stärker, als wir seine Zusammensetzung nicht kennen und es für unser eigenes Werk halten. Verzweiflung und Zeit nagen an Ketten aus Eisen und Stahl, sie vermögen aber nichts gegen die gewohnheitsmäßige Vereinigung der Ideen, sondern binden sie nur noch fester zusammen. Auf den weichen Fasern des Gehirns beruht die unerschütterliche Grundlage der stärksten Reiche“.[249] Da die Erziehung rechtstreuer Bürger auch zum Ziel einerseits der Strafrechtswissenschaft und somit andererseits auch der Gesetzgebung und des Kriminaljustizsystems gehört, hängt die Erkenntnis des Individuums von dieser Tatsache ab.

Diese Schlussfolgerung führt zum Ergebnis, dass man durch die Gesetzgebung im Stande sein kann, die Erkenntnis des Individuums mächtig zu beeinflussen. Verbindet man nun diese These mit der Tatsache, dass sich die Begriffe Recht und Ungerecht durch die Begriffe gesetzmäßig und gesetzwidrig ersetzt wurden,[250] erkennt man die Risikosituation, der das Individuum ausgesetzt sein könnte. Denn diese Gesetzwidrigkeit handelt von einem Verhalten, das gegen

---

246 Siehe auch Kap. 3.1.2.

247 Foucault, S. 85 ff.

248 Foucault, S. 85 ff.

249 Foucault, S. 131 ff.

250 Siehe auch Kap. 2.2.3.

das positive Recht verstößt. Dieses positive Recht wiederum ist nichts anderes, als das vom Staat gesetzte Recht.[251] Wie schon mal erwähnt, ist dieser Staat ein Philosophenstaat und darum kann nicht so einfach eine Garantie für die gerechte Gesetzgebung gegeben werden. Somit hängt die Erkenntnis des Individuums von der Staatsgewalt ab.

Dieser Betrachtung nach scheint das Individuum nicht die Möglichkeit zu haben – trotz der parlamentarischen Demokratie – bei der Gesetzgebung mitzuwirken, weil seine Erkenntnis manipuliert wird und er den Rechtsnormen gegenüber nicht kritisch stehen kann. Unter diesen Umständen scheint er auch nicht in der Lage zu sein, den Gesetzgeber zu kontrollieren.[252]

Verbindet man nun diese Betrachtungsweise mit der historischen Darstellung der gegenseitigen Abhängigkeit von Gesellschaft, Gesetz und Macht erweist sich diese Entwicklung der Rechtsordnung durchaus als mögliche Konsequenz der Entwicklung der menschlichen Zivilisation. Deshalb kann auch kein Techniker bei der Gesetzgebung als Herrschaftstechnik benannt werden. Denn die Machtverhältnisse, die zu dieser Entwicklung geführt haben, bestehen aus einzelnen Episoden, die im Geschichtsnetz verflochten sind.[253]

Tatsache bleibt aber der Einfluss auf die menschliche Erkenntnisfähigkeit. Im Anbetracht der zukünftigen Entwicklungen, die den Menschen noch bevor stehen könnten, führt diese mangelnde Erkenntnisfähigkeit zu erheblich gefährlichen Situationen. Wenn die einzelnen Individuen einer Gesellschaft nämlich an mangelnder Erkenntnisfähigkeit leiden, kann das verheerende Folgen haben. Die politische Macht kann unter diesen Umständen sehtr schnell unkontrollierbar werden, und in einem systemtheoretischen Sinne selbst für diese Individuen, die sie ausmachen.

So führt diese Analyse zurück zu Foucault und seiner These, dass das Rechtssystem zum Instrument der Macht werden kann, was allerdings die Autonomie des Individuums gefährdet.[254] Ob die These der Gesetzgebung als Herrschaftstechnik belegt oder verworfen wird, kann eine Schlussfolgerung jedenfalls, hier festgehalten werden: Dass die wissenschaftliche Methode, die die Rechtswissenschaft eingesetzt hat, um die Rechtsordnung zu etablieren, viele Lücken aufweist.

Die Rechtdogmatik, die sich als äußerst wichtiges Instrument der Rechtstheorie belegt haben soll, führt zu Entwicklungen, die man anscheinend am Anfang nicht vorhersehen konnte. Tatsache bleibt, dass die dogmatische Denkweise

---

251 Vgl. Sina, a.a.O., S. 10; 39 ff.

252 Plato meinte, dass nur derjenige, der die Rechtsnormen kennt – und das ist nur der, der kritisch fragen und auch antworten kann – ist in der Lage den Gesetzgeber bei der Definition der Begriffe zu kontrollieren. Siehe auch Plato, Kratyl S. 83 ff.

253 Vgl. Foucault, Überwachen und Strafen, S. 38 ff.

254 Foucault, Dispositive der Macht, S. 209.

mangelnde sinnliche Anschauung vorweist und die Erkenntnis gefährdet.[255] Schon in der Antike, wo man auch religiös orientiert war, hat man zumindest versucht, den Glauben zu entdogmatisieren, um dem philosophischen Denken auch seinen Raum zu gestatten.[256] Es kann deshalb auch kein *Techniker* bei der Möglichkeit der Gesetzgebung als Herrschaftstechnik gegeben werden, weil es nur historische Umstände waren, die die Zivilisation zu diesen Entwicklungen führten.

Durch den historischen Rückblick jedoch, könnte es der Wissenschaft möglich sein, sich fortzuentwickeln, indem sie sich von Fehlerhaften Analysen der Vergangenheit trennt und aufs Neue jede Tatsache untersucht, sobald eine bereits gewonnene Erkenntnis nicht ausreichend definiert zu sein scheint.

Das Besondere der Wissenschaft liegt in der bewussten Anwendung der kritischen Methode. Nur so kann der Mensch auf wissenschaftlicher Ebene den Fortschritt erwarten. „Alle vorwissenschaftliche Erkenntnis, ob tierisch oder menschlich ist dogmatisch; und mit der Erfindung der nichtdogmatischen Methode, das heißt der kritischen Methode, beginnt die Wissenschaft".[257]

---

255 Kant hat sich gegen den Dogmatismus nicht ohne Grund gestellt. Siehe auch Kritik der reinen Vernunft.

256 Klix, Erwachendes Denken, 3. Auflage, Berlin 1985, S. 237. Es wird Protagoras zitiert: „Von Göttern vermag ich nichts festzustellen, weder dass es sie gibt, noch dass es sie nicht gibt", eine Haltung gegenüber jede Gottheit, die das Individuum vor der dogmatischen Denkweise bewahrt.

257 Es wird zitiert: Popper, Alles Leben ist Problemlösen, S. 21-22.

Literaturverzeichnis

Adler, A.: Individualpsychologie, hrsg. v. H. L. Ansbacher und R. R. Ansbacher, München 1972.

Aristoteles: Nikomachische Ethik, Leipzig 1921.

ders., Politik, hrsg. v. Otfried Höffe, Berlin: Akad.-Verlag 2001.

Battaille G.: Die Erotik, Berlin: Matthes und Seitz 1998.

Brandner T.: Gesetzesänderung. Eine rechtstatsächliche und verfassungsrechtliche Untersuchung anhand der Gesetzgebung des 13. Bundestages, Berlin 2002.

Derrida J.: Gesetzeskraft. Der mystische Grund der Autorität, Suhrkamp 1991.

Diamantidis A.: Lexikon des -ismus, Athen 2003.

DUDEN, Das große Fremdwörterbuch (2000).

Elling, K.: Die Einführung der Staatsanwaltschaft in Deutschland – Ein Beitrag zur Geschichte des Strafprozesses, Breslau 1911.

EU – Vertrag, Beck Verlag, 5. Auflage 2001.

Foucault M.: Die Wahrheit und die juristischen Formen, Suhrkamp 2003 (zitiert: Foucault).

ders.: *Überwachen und Strafen,* Suhrkamp 1977.

ders.: *Sexualität und Wahrheit I: Der Wille zum Wissen,* Suhrkamp 1983 (zitiert: Der Wille zum Wissen).

ders.: *Dispositive der Macht,* Berlin: Merve Verlag 1978.

ders.: *Warum ich Macht untersuche: Die Frage des Subjekts von M. Foucault.* in: Hubert L. Dreyfuss / Paul Rabinow: Michel Foucault. Jenseits von Strukturalismus und Hermeneutik, Frankfurt a. M: 1987, S. 243-261 (zitiert: Warum ich Macht untersuche).

Französische Erklärung der Menschen- und Bürgerrechte von 1789/91, Veröffentlichungen des Instituts für Internationales Recht an der Universität Kiel, 1970.

Goldschmidt, J.: Staatsanwaltschaft und Kriminalpolizei in Frankreich, in: Goltdammers Archiv für Strafrecht und Strafprozess (GA), Bd. 67, H.1-4, Berlin 1919.

Grundgesetz, Beck Verlag, 39. Auflage 2004.

Gehrke H.-J.: Der Nomosbegriff der Polis. in: Nomos und Gesetz. Ursprünge des griechischen Gesetzdenkens, hrsg. v. O. Behrends und W. Sellert, Göttingen: Vandenhoeck und Ruprecht 1995.

Harro, O.: Rechtsgutsbegriff und Delikttatbestand, in: Strafrechtsdogmatik und Kriminalpolitik, hrsg. v. H. Müller-Dietz, Annales Universität Saraviensis, Bd. 61 (1971), S.1-20.

Homer: Odyssee / Ilias Auswahl, Stuttgart: Reclam 2004.

Herodot: book I, ed. with introduction and notes by J. H. Sleeman, Bristol Classic Press 2003.

Hobbes T.: Leviathan, hrsg. v. H. Klenner, Hamburg: Meiner 1996.

Hegel G. W. F.: Die Philosophie des Rechts – die Vorlesungen von 181920, Frankfurt a. M. 1983.

Hassemer W.: Theorie und Soziologie des Verbrechens, Frankfurt a. M. 1973.

ders.: Einführung in Rechtsphilosophie und Rechtstheorie der Gegenwart, Kaufmann / Hassemer / Neumann (hrsg.) 7. Auflage, C. F. Müller 2004.

Hübner H.: Rechtsdogmatik und Rechtsgeschichte, in: Information zur politischen Bildung – Kriminalität und Strafrecht, hrsg. v. Klaus Luig. (Köln / Berlin / Bonn / München 1997), Aufl. 1999.

Jakobs G.: Norm, Person, Gesellschaft, Berlin: Duncker und Humblot 1997.

Jellinek W.: Der fehlende Staatsakt und seine Wirkungen, Heidelberg 1908.

Kant I.: Zum Ewigen Frieden, Reclam 1984.

ders.: Kritik der reinen Vernunft, Werkausgabe Bd. IV, hrsg. v. W. Weischedel, Suhrkamp 1974.

ders.: Metaphysik der Sitten, Werkausgabe Bd. VIII, hrsg. v. W. Weischedel, Suhrkamp 1977.

Kunkel, W.: Römische Rechtsgeschichte, Weimar: Böklau 1964.

Köhler, B.: VII Sozialpsychologie, Steckbrief der Psychologie, hrsg. v. Klaus E. Rogge, Heidelberg 1974.

Kohlberg, L.: Die Psychologie der Moralentwicklung, Suhrkamp 1996.

Klix, F.: Erwachen des Denkens, 3. Auflage, Berlin 1985.

Kelsen, H.: Die reine Rechtslehre in wissenschaftlicher Diskussion: Referate und Diskussionen vom 22. – 27. Sept. 1981: Internationales Symposion, Wien: Manz 1982.

Kurzrock, J.: Die Zulässigkeit politischer Einflussnahme auf Strafverfahren. Zur verfassungsrechtlichen Einordnung der Staatsanwaltschaft, Osnabrück 2003.

Luhmann, N.: Grundrechte als Institution, Berlin 1965.

ders.: Die soziologische Beobachtung des Rechts, in: Würzburger Vorträge zur Rechtsphilosophie, Rechtstheorie und Rechtssoziologie, hrsg. v. Weber/Wenz, Frankfurt am Main 1986 (zitiert: Luhmann, Die soziologische Beobachtung des Rechts).

ders.: Soziologie als Theorie sozialer Systeme, in: Kölner Zeitschrift für Soziologie und Sozialpsychologie, H. 19, 1967, S. 615-644 (617-619).

Marcuse, H.: Der eindimensionale Mensch – Studien zur Ideologie der fortgeschrittenen Industriegesellschaft, München, 8. Aufl., 2008.

Marx K. / Engels F.: Werke, 43 Bände, Dietz-Verlag, Berlin Ost, 1956-1990.

ders.: Kritik der politischen Ökonomie: Das Kapital, Parkland Verlag 2000.

ders.: Kritik der hegelschen Rechtsphilosophie, Leipzig: Reclam 1986.

Marx, Michael: Zur Definition des Begriffs Rechtsgut, München 1971.

Nietzsche F.: Fröhliche Wissenschaft, Thessaloniki 1987.

Nutz, T.: Strafanstalt als Besserungsmaschine: Reformdiskurs und Gefängniswissenschaft 1775-1848, Schriftenreihe: Ancien Régime, Aufklärung und Revolution, hrsg. v. R. Reichardt/H.-U. Thamer, Bd. 33, München 2001.

Platon: Απολογία (= Apologie), Athen: Kaktos1992.

ders.: Κρατύλος (= Kratyl), Athen: Kaktos 1994.

ders.: Πολιτεία, Βιβλίο Ή (= Der Staat, Buch 8), Athen: Kaktos1992.

Popper, K.- R.: Alles Leben ist Problemlösen, Pieper Serie, I. Auflage, 1996.

Papachristou Th.: Rechtssoziologie, Athen 1999.

PONS, Kompaktwörterbuch, Neubearbeitete Auflage 2000.

Roth, G.: Das Gehirn und seine Wirklichkeit, Suhrkamp 1997.

Rousseau, J. J.: Vom Gesellschaftsvertrag oder Prinzipien des Staatsrechts,

hrsg. v. K. Herb, Tübingen 2000.

ders.: Contract Social. Vom Gesellschaftsvertrag oder Grundsätze des Staatsrechts, Neu übersetzt und hrsg. v. H. Brockard, Stuttgart: Reclam 1988.

Radkau, J.: Natur und Macht, München, Beck 2000.

Radbruch, G.: Gesetzliches Unrecht und gesetzliches Recht, in: SJZ 1946, S.105ff.

Roxin, C.: Strafrecht, Allgemeiner Teil, Bd. I, 2. Aufl. München: Beck 1994.

Savigny, F. C. v.: Politik und neuere Legislationen, hrsg. v. H. Akamatsu und J. Rücker. (Savigny, Bl. 73r. Gewohnheitsrecht), Frankfurt a. M: Klostermann 2000.

Sättler, A.: Die Entwicklung der französischen Staatsanwaltschaft, Mainz 1956

Sellert, W.: Was wissen wir über den Inquisitionsprozess? Stand und Ergebnisse der rechtshistorischen Forschung, Göttingen 2005.

Schönpflug, W.: Geschichte und Systematik der Psychologie, Lehrbuch für das Grundstudium, Bells-Verlag, Weinheim-Basel 2004.

Scheerer, S.: Die Rechtsgüter und ihre Verletzung – Die Ohnmacht der Rechtsgutsidee und die Dominanz der Problemdefinition. Über soziale Probleme, Gesetzgebung und Rechtsgüter am Beispiel des Kokainverbots, in: Aufgeklärte Kriminalpolitik oder Kampf gegen das Böse?, Lüderssen (Hrsg.), Bd. I, Baden-Baden 1998, S. 179-207.

Schinnerer, E.: Wirkungskreis und Organisation der Staatsanwaltschaft, Berlin 1938.

Smith, Adam: Vorlesungen über Rechts- und Staatswissenschaften, hrsg. v. Daniel Brühlmeier 1996.

Stratenwerth, G.: Die Lehre von Strafzwecken, Berlin: De Gruyter 1995.

Schölderie, T.: Das Prinzip der Macht, Gliencke/Berlin; Cambridge/Mass.: Galda und Wich, 2002.

Sina, P.: Die Dogmengeschichte des strafrechtlichen Begriffs „Rechtsgut“, Basel 1962.

Schweitzer, Staatsrecht III, Rn. 430. S. 150ff. 8. Auflage, Heidelberg: C. F. Müller Verlag 2004.

Sarcevic, E.: Der Rechtsstaat, Leipziger Universitäts- Verlag 1996.

Thukydides: Geschichte des Pelloponischen Krieges, Aschendorf-Verlag 1986.

Wesel Uwe, Geschichte des Rechts, München 1996.

Weber – Fas, R.: Über die Staatsgewalt, München: Beck 2000.

Wittgenstein, L.: Logisch – philosophische Abhandlung / Tractatus logico – philosophicus, Suhrkamp 2003.

Wulff, S.: Die ursprünglichen Funktionsträger der Staatsanwaltschaft, Passau 2002.

Zimbardo, P.-G./Gerrig, R.-J.: Psychologie, 16. aktualisierte Auflage, hrsg. v. R. Graf, M. Nagler und B. Ricker, 2004.